中国大学 MOOC（慕课）"篮球–基本技术"配套教材

篮球基本技术教程

胡　惕　李笋南　主编

北京体育大学出版社

策划编辑：力　歌
责任编辑：张　力
责任校对：王泓滢
版面设计：联众恒创

图书在版编目（CIP）数据

篮球基本技术教程 / 胡惕，李笋南主编. -- 北京：北京体育大学出版社，2021.4（2024.6重印）
ISBN 978-7-5644-3307-9

Ⅰ.①篮… Ⅱ.①胡…②李… Ⅲ.①篮球运动—运动技术—教材 Ⅳ.①G841.19

中国版本图书馆CIP数据核字（2020）第018573号

篮球基本技术教程

LANQIU JIBEN JISHU JIAOCHENG　　　　　　　　　胡　惕　李笋南　主编

出版发行：	北京体育大学出版社
地　　址：	北京市海淀区农大南路1号院2号楼2层办公B-212
邮　　编：	100084
网　　址：	http://cbs.bsu.edu.cn
发 行 部：	010-62989320
邮 购 部：	北京体育大学出版社读者服务部 010-62989432
印　　刷：	三河市龙大印装有限公司
开　　本：	710mm×1000mm　　1/16
成品尺寸：	170mm×240mm
印　　张：	11
字　　数：	146千字
版　　次：	2021年4月第1版
印　　次：	2024年6月第2次印刷
定　　价：	45.00元

（本书如有印装质量问题，请与出版社联系调换）

版权所有·侵权必究

前 言

篮球运动是人类在其发展过程中创造出来的，以各种专门技艺为手段，以主动控制空间为目标，以主动控制球为争夺焦点，以主动掌握时间与速度为保证，在空间展开立体对抗的一项具有竞技性、娱乐性特点的运动项目。经过百余年的传承发展，篮球运动的独特魅力，已在体育运动的星空中熠熠生辉、璀璨夺目。篮球运动中的攻守拼搏，彰显了人类蓬勃的生命力、聪颖的智慧、健美的形体、高超的技能；有利于培养人们坚韧果敢、勇于担当、追求卓越、团结协作的精神品质，激发集体主义、爱国主义精神。随着体育运动的进步与发展，热爱篮球运动的人越来越多，人们对于篮球学习的需求也愈发增长。此外，国际篮联篮球世界杯、国际篮联亚洲男篮锦标赛等国际性赛事相继在中国举办，以及国内职业联赛、大学生联赛、中学生联赛等各级联赛的不断发展，吸引了众多篮球爱好者和社会的广泛关注，有效地扩大了篮球运动的影响力。

为了更好地满足广大师生及篮球爱好者的学习与教学需求，本书在广泛吸纳前辈经验的基础之上，结合多位篮球领域专家、教授意见，对篮球基本的教与学进行了归纳、整理、分析、创新。本书共包含篮球基本技术、准备活动与放松拉伸、篮球运动损伤与防治三章内容，从技术动作概况、技术动作要素、易犯错误、纠正方法、学练建议、综合练习等方面进行了详细讲解，强调教学内容与运动实践的紧密结合，注重篮球基本技术与实践能力的培养。本书具备以下特点。

（1）在内容方面，广泛汲取欧美等篮球发达国家权威教材的先进教

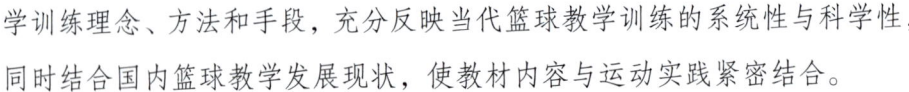

学训练理念、方法和手段，充分反映当代篮球教学训练的系统性与科学性，同时结合国内篮球教学发展现状，使教材内容与运动实践紧密结合。

（2）对技术动作要素（方法、要领、重难点）、易犯错误、纠正方法、学练建议、综合练习等方面进行了详细讲解，注重篮球理论与实践素养的培养与提升，使教师与学生在教与学的两个角度都能借鉴应用。

（3）借助现代信息技术的发展，第一章教学内容配备了相应的教学视频。教学视频经过精心的制作，对动作方法、动作关键点进行了详尽的呈现，这有利于学习者直观、反复地进行学习，有效降低学习者在学习过程中的认知难度。

本书是课题组成员集体研究成果，参与人员除作者外，还包括北京师范大学体育与运动学院教师宋陆陆、赵雪同、曾磊；研究生田宗恩、宋垚鑫、张梦龙、夏凡、王源、杨葳晨、周航、穆昱含、唱钏赫、林昊融、田井丽、端木顺雨、陈玥坤、杨涛；本科生刘畅、谷宜瞳、杨乾雨、熊中怡、张敬一、孟子怡、杨振南、崔宏博、马健、伊力扎提热合木等人。他们是我们最好的搭档与学生，他们在工作过程中的辛苦付出是本书得以完成的主要因素。本书所反映的主要成果及其出版得到教育部人文社会科学研究青年基金项目（18YJC890008）及北京师范大学科研基金的资助。衷心感谢给予本书大力支持的各界人士。由于编写时间所限，书中不妥或错漏之处，恳请各位专家、学者和广大读者给予批评指正！

全部影像视频

本书二维码使用说明

　　本书资源全部指向书链网，您可以直接微信扫码，观看视频讲解示范，也可以在手机里安装书链客户端（App）扫码使用，App下载视频到手机，可以支持离线播放；也可通过中国大学MOOC（慕课）"篮球－基本技术"进行线上学习。

图 例

防守队员

教师或辅助队员

练习队员

转身

球反弹区

运球跑动

无球跑动

传球路线

投篮

其他排队人员

标志筒

目 录

第一章 篮球基本技术 ······1

第一节 准备姿势与移动技术 ······1

第二节 传接球技术 ······38

第三节 运球技术 ······55

第四节 投篮技术 ······78

第五节 持球突破技术 ······93

第六节 篮板球技术 ······103

第二章 准备活动与放松拉伸 ······115

第一节 准备活动 ······115

第二节 放松拉伸 ······132

第三章 篮球运动损伤与防治 ······147

第一节 运动损伤概述 ······147

第二节 篮球运动中常见的损伤及其防治 ······150

主要参考资料 ······165

第一章　篮球基本技术

篮球基本技术是篮球运动的核心，正确掌握篮球基本技术，是篮球学习的关键环节。本章节从技术动作要素（方法、要领、重难点）、易犯错误、纠正方法、学练建议、综合练习等方面对准备姿势与移动技术、传接球技术、运球技术、投篮技术、持球突破技术、篮板球技术六项基本内容进行了详细讲解，以此来帮助练习者了解篮球技术相关理论知识，明确篮球技术动作的结构及特点、运用时机、关键环节，并能运用所教授的内容进行科学、有效的学练，促进个体篮球理论与实践素养的全面提升。

第一节　准备姿势与移动技术

一、概述

准备姿势是为了有效完成各种技术动作而采取的起始身体姿势，正确的准备姿势能够确保快速移动，使练习者更好地发挥各类进攻和防守技术；移动技术是在比赛中为了改变位置、速度、方向和争取高度、空间所采用的各种脚步动作方法的总称，是各类篮球技术的基础。

二、技术分类

准备姿势分为进攻准备姿势和防守准备姿势；移动技术分为起动、跑、跳、急停、转身、步法。（图1-1）

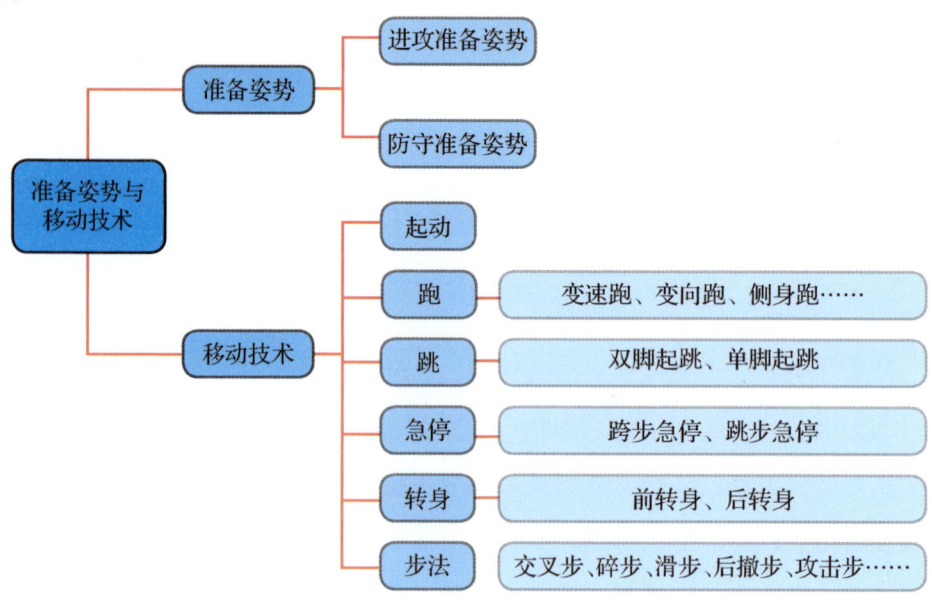

图 1-1

三、技术动作方法及应用

（一）准备姿势

在篮球场上，需要一个既稳定又机动的准备姿势保持身体平衡，同时便于迅速、协调地在移动中完成各种动作。合理的准备姿势意味着在当下身体处于控制之中，已做好随时进行快速移动的准备。（图 1-2）

图 1-2

第一章 篮球基本技术

1. 进攻准备姿势

【动作方法】两脚左右（或前后）开立，距离约与肩同宽，两膝微屈，上体微向前倾，使重心在两脚之间并落于前脚掌；两臂自然弯曲于体侧（或持球于胸腹之间）；两眼平视前方。（图 1-3 至图 1-4）

图 1-3(a)

图 1-3(b)

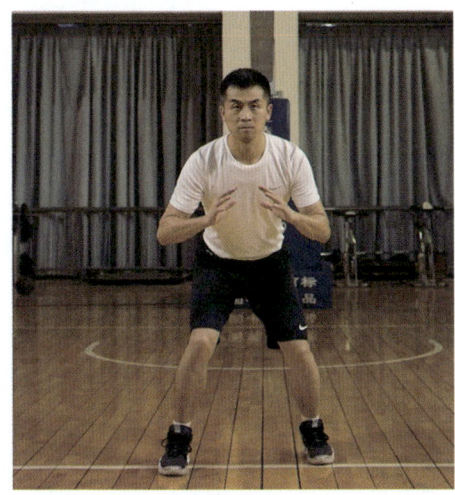

图 1-4(a)

图 1-4(b)

【动作要领】两脚开立；屈膝降重心；上体微向前倾；两臂自然弯曲；两眼平视前方。

【动作重点】屈膝前倾，重心落于两腿之间。

【动作难点】动作放松自然，能够迅速衔接下一个动作。

【易犯错误】直腿直身或直腿弓身；全脚掌着地；低头，上体过于前倾。

【纠正方法】教师应强调高重心的危害和低重心的意义，养成在球场上屈膝降重心的习惯。教学中注意动作要领，教师可领做正确示范。

练习者可采用原地及行进间慢速的动作体会练习；采用听或看信号的随机方式，进行不同对应动作反复循环的变化练习，即第一动作为身体保持直立、第二动作为进攻准备姿势、第三动作为双手触碰脚踝外侧。

2. **防守准备姿势**（图1-5）

图1-5

【动作方法】两脚左右（或前后）开立，距离约一个半肩宽，两膝较深弯曲，重心在两脚之间；两臂自然弯曲向身体两侧伸展以增大防守面积，上体微向前倾；两眼平视前方。（图1-6至图1-7）

【动作要领】两脚开立；屈膝展臂；上体微向前倾；两眼平视前方。

【动作重点】屈膝展臂，挺胸抬头。

【动作难点】动作之间的衔接，身体动作的协调用力。

【易犯错误】两脚开立距离过近；直腿直身或直腿弓身；上体前倾过大。

图 1-6（a）

图 1-6（b）

图 1-7（a）

图 1-7（b）

【纠正方法】强调高重心的危害和低重心的意义，养成在球场上屈膝降重心的习惯。注意动作要领，领做正确示范。

练习者可采用原地及行进间慢速的动作体会练习；采用听或看信号的随机方式，进行不同对应动作反复循环的变化练习，即第一动作为身体保持直立、第二动作为防守准备姿势、第三动作为进攻准备姿势。

（二）移动技术

1. 起动

起动是一种快速改变静止状况的起始动作，是获得初速度的一种移动方法。在进攻中，我们常将其用于摆脱防守；在防守中，常将其用于及时地盯防对手，保持或抢占有利位置。（图1-8）

【动作方法】（以向前起动为例）起动时，身体重心快速向前方移动，以后脚的前脚掌突然用力蹬地，同时上体迅速前倾，手臂协调摆动，充分利用蹬地的反作用力，迅速向前方迈步。（图1-9、图1-10）

【动作要领】重心前移；后脚蹬地；上体迅速前倾；快速迈步。

【动作重点】蹬（地）摆（臂）有力，重心前移。

【动作难点】身体重心的快速转移，能够迅速衔接下一个动作。

图 1-8

【易犯错误】蹬地慢而无力；起动时步幅过大，动作衔接不上。

【纠正方法】强调高重心的危害和低重心的意义，养成在球场上屈膝降重心、抬头观察的习惯。注意动作要领，领做正确示范。

练习者可体会小步幅快频率的原地快速蹬地练习。在练习者要蹬地的时候，给以其力量，帮助其体会蹬地用力。练习者可采用听或看信号的方式，向不同跑动方向进行起动练习。

第一章 篮球基本技术

图 1-9

图 1-10

2. 跑

（1）变速跑

变速跑是一种在跑动中利用速度变换争取主动的移动方法。在进攻中，我们常将其用于摆脱防守；在防守中，常将其用于及时盯防对手。（图 1-11、图 1-12）

视频讲解示范

图 1-11

图 1-12

7

【动作方法】加速跑时，上体微前倾，用前脚掌短促有力蹬地，同时手臂相应地协调摆动；减速跑时，上体直起，步幅增大，利用前脚掌用力抵地，减缓快跑的前冲力。（图1-13至图1-16）

图1-13

图1-14

图1-15

图1-16

【动作要领】加速时上体微前倾，前脚掌快频率蹬地跨步；减速时上体直立，步幅增大，前脚掌抵地。

【动作重点】加减速时，重心的前后移动。

【动作难点】速度变化，节奏的把握，能够迅速衔接下一个动作。

【易犯错误】急停时重心不稳而前移；变速时快慢节奏变化不明显。

【纠正方法】强调高重心的危害和低重心的意义，养成在球场上屈膝降重心、抬头观察的习惯。注意动作要领，领做正确示范。

练习者可采用原地及行进间慢速的动作体会练习；直线摆放若干标志桶，每个标志桶间距5～7米，以减速停下，加速通过的方式，依次循环进行练习；跟随有明显快慢节奏的音乐或节拍进行变速跑练习。

（2）变向跑

变向跑是一种在跑动中利用方向的突然变化来获得有利位置的移动方法。在进攻中，我们常将其用于摆脱防守；在防守中，常将其用于堵截进攻。（图1-17、图1-18）

图1-17

图1-18

【动作方法】（以右变左为例）变向跑时，降低重心，右腿迅速屈膝，脚尖稍向内扣，用前脚掌内侧用力蹬地，腰部随之左转，上体向左前倾，转移重心，左脚向左前方快速跨出，加速前进。（图1-19至图1-22）

【动作要领】内扣屈膝蹬地，转髋前倾加速。

图1-19

图1-20

图1-21

图1-22

【动作重点】重心降低，变向突然，蹬地有力，转体要快，跨步迅速。

【动作难点】腰、腿的协调配合，能够迅速衔接下一个动作。

【易犯错误】变向不突然，不能控制好身体重心；前脚掌内侧不主动发力蹬地；上体不及时转向前进方向；手脚配合不协调，动作不连贯。

【纠正方法】强调高重心的危害和低重心的意义，养成在球场上屈膝降重心、抬头观察的习惯。注意动作要领，领做正确示范。

练习者可采用原地及行进间慢速的动作体会练习；将标志筒摆呈"Z"字形路线，进行变向跑练习；采用听或看信号的方式，进行变向跑练习；采用增加防守的全场一对一的形式，进行变向跑练习。

（3）侧身跑

侧身跑是为了在快速移动中随时观察侧方、侧后方球的动向而采用的一种移动方法。在进攻中，我们常将其用于短距离抢占位置、保护球及快下跑位接球；在防守中，常将其用于快速退守。（图 1-23）

图 1-23

【动作方法】在快速跑中，头部与上体转向来球方向，肩部前探，脚尖朝向前进的方向，密切注意场上情况。（图 1-24 至图 1-27）

图 1-24

图 1-25

图 1-26

图 1-27

【动作要领】快速移动；上体侧转；肩部前探；注意来球。

【动作重点】上体侧转，脚尖、髋关节朝向跑动方向。

第一章　篮球基本技术

【动作难点】侧身不减速，能够迅速衔接下一动作。

【易犯错误】头、上体未转向来球方向，只转头没侧身，或只侧身未转头；脚尖没朝向跑动方向，下肢动作形成交叉步、滑步、跳步等错误动作。

【纠正方法】强调在球场上养成抬头看球的习惯。注意动作要领，领做正确示范。

练习者可采用原地及行进间慢速的动作体会练习；采用从底线出发向对侧篮筐进行侧身跑练习；采用随时准备接球的方式，进行侧身跑接球练习。

3. 跳

跳是在快速移动和对抗中，争取高度及远度的动作方法总称。跳可分为双脚起跳和单脚起跳，只有起跳快、跳得高、跳得及时，才能争取时间、控制空间，更好地完成空中动作。双脚起跳常被用于在原地进行跳球、抢篮板球，以及抢断各方向的来球；单脚起跳常被用于在跑动中进行改变方向、接球、投篮和冲抢篮板球。（图1–28）

图1–28

（1）双脚起跳

【动作方法】起跳前，双腿屈膝快速下蹲，同时两臂后摆，上体前倾。起跳时，两臂迅速上摆，下肢用力蹬地向上跳起。落地时，双脚分开并用前脚掌先着地，屈膝缓冲，重心落于两脚之间，保持身体平衡。（图1–29至图1–31）

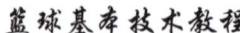

图 1-29（a）  　　　　　　图 1-29（b）

图 1-30（a） 　　　　　　图 1-30（b）

【动作要领】屈膝摆臂；上体前倾；蹬地起跳；屈膝缓冲落地。

【动作重点】起跳时蹬地、摆臂有力，落地时双腿屈膝缓冲。

【动作难点】腿、腰、手臂的协调用力。

第一章　篮球基本技术

图 1-31（a）

图 1-31（b）

【易犯错误】起跳时膝关节易内扣；起跳速度慢，缺乏爆发力；上下肢配合不协调，控制不好身体平衡。

视频讲解示范

【纠正方法】强调高重心的危害和低重心的意义，养成在球场上屈膝降重心的习惯。注意动作要领，领做正确示范。

练习者可采用原地及行进间慢速的动作体会练习；采用徒手或持球的方式，坐在凳子上进行双腿发力蹬地，双臂摆动，从凳子上起身跳的练习；双手持球于篮板下方，进行双脚跳起将球触碰篮板练习，并加强下肢及核心力量的练习。

（2）单脚起跳（图 1-32）

【动作方法】起跳时，起跳脚微屈前送，脚跟先着地，并迅速屈膝过渡到前脚掌用力蹬地，同时提腰摆臂。摆动腿快速屈膝上提，当身体上升到最高点时，放膝向下与起跳腿自然合并。落地时，双脚同时分开，用前脚掌先着地，屈膝缓冲，重心落于两脚之间，保持身体平衡。（图 1-33 至图 1-35）

15

图 1-32

【动作要领】起跳脚微屈前送；蹬地同时提腰摆臂；双腿屈膝缓冲落地。

【动作重点】起跳时蹬地、摆臂有力，摆动腿屈膝上提。

【动作难点】空中手臂、腰、腿的协调配合，预防身体过度前冲。

【易犯错误】起跳速度慢，缺乏爆发力；上下肢配合不协调。

【纠正方法】强调高重心的危害和低重心的意义，养成在球场上屈膝降重心的习惯。注意动作要领，领做正确示范。

练习者可采用原地及行进间慢速的动作体会练习；采用徒手或持球的方式，坐在凳子上进行单脚发力蹬地，另一只脚悬空，双臂摆动，从凳子上起身跳的练习；采用听或看信号的方式，进行单脚起跳练习。

第一章　篮球基本技术

图 1-33（a）

图 1-33（b）

图 1-34（a）

图 1-34（b）

17

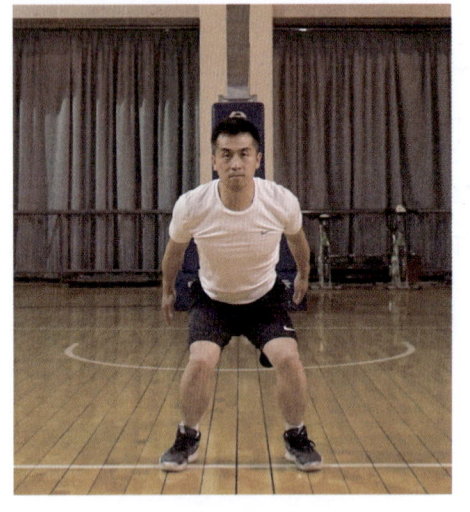

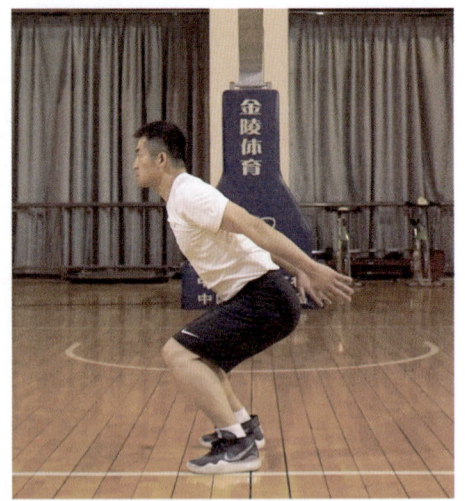

图 1–35（a）

图 1–35（b）

4. 急停

急停是在快速移动中，突然制动，保持重心平稳，衔接其他技术动作的方法的。急停分为跨步急停和跳步急停。跨步急停常被用于快速移动；跳步急停常被用于中、慢速移动。（图 1–36）

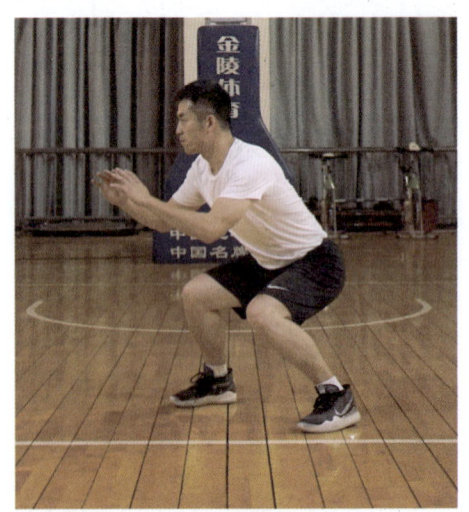

图 1–36

（1）跨步急停

【动作方法】急停时，目视前方，右脚向前跨步，脚跟先着地，并迅速过渡到全脚掌抵住地面。随之身体稍后仰，降低重心，迅速跨出左脚，前脚掌内侧用力抵住地面，同时身体稍内转，两膝深屈并内扣，上体

视频讲解示范

微向前倾，两臂屈肘自然张开，控制身体平衡。（图 1-37 至图 1-39）

【动作要领】目视前方，第一步向前跨步并抵地，身体后仰；第二步用力抵地，腰胯用力，臀部下坐降重心。

图 1-37（a）

图 1-37（b）

图 1-38（a）

图 1-38（b）

图 1-39（a） 　　　　　　　　图 1-39（b）

【动作重点】第一步跨步大，屈膝降重心；第二步用前脚掌内侧抵地，身体稍内转。

【动作难点】保持身体平衡，能够迅速衔接下一个动作。

【易犯错误】直腿；低头。

【纠正方法】强调高重心的危害和低重心的意义，养成在球场上屈膝降重心、养成抬头观察的习惯。注意动作要领，领做正确示范。

练习者可采用原地及行进间慢速的动作体会练习；采用由慢至快的 2～3 次跑动后再做跨步急停的练习，进行身体重心的控制，在练习初期进行慢速练习，逐渐熟练动作后进行快速跑动时急停的练习；采用听或看信号的方式，进行跨步急停练习。

（2）跳步急停

【动作方法】（以单脚起跳为例）在移动时，右脚向前起跳，随之上体稍后仰，降低重心。落地时，用双脚前脚掌内侧先抵住地面，并迅速过渡到全脚掌抵住地面，同时两膝深屈并内扣，两

臂屈肘自然张开，控制身体平衡。（图 1-40 至图 1-42）

图 1-40（a）

图 1-40（b）

图 1-41（a）

图 1-41（b）

篮球基本技术教程

图 1-42（a）　　　　　　　　　　　图 1-42（b）

【动作要领】起跳后双脚同时落地；前脚掌抵地，并迅速屈膝。

【动作重点】屈膝降重心。

【动作难点】保持身体平衡，能够迅速衔接下一个动作。

【易犯错误】直腿，低头；急停时跳起过高。

【纠正方法】强调高重心的危害和低重心的意义，养成在球场上屈膝降重心、抬头观察的习惯。注意动作要领，领做正确示范。

练习者可采用原地及行进间慢速的动作体会练习；采用由慢至快的 2～3 次跑动后再做跳步急停的练习，进行身体重心的控制，在练习初期进行慢速练习，逐渐熟练动作后进行快速跑动时急停的练习；采用听或看信号的方式，进行跳步急停练习。

5. 转身

转身是改变身体站位方向与对手位置关系的动作方法总称。合理有效的转身在进攻中能摆脱防守，在防守中能抢占有利位置。转身分为前转身和后转身。前转身常被用于背向篮筐和背对防守持球完成投篮、突破或传球；后转身常被用于摆脱紧贴防守或突破。（图 1-43）

第一章　篮球基本技术

图 1-43

（1）前转身

【动作方法】（以向左侧转身为例）左脚（中枢脚）前脚掌用力碾地，右脚（移动脚）向左脚脚尖方向迅速跨出，并同时转腰转肩，身体重心随之转移，转身后重心应转移到两脚之间，保持身体平衡。（图 1-44 至图 1-46）

图 1-44

图 1-45

23

【动作要领】中枢脚碾地；转腰转肩；移动脚跟随保持重心平稳。

【动作重点】蹬地有力，重心迅速转移。

【动作难点】身体不要上下起伏，控制身体平衡，能够迅速衔接下一个动作。

【易犯错误】中枢脚未用前脚掌碾地旋转；重心上下起伏；转动慢；移动步幅过大或过小。

图 1-46

【纠正方法】强调高重心的危害和低重心的意义，养成在球场上屈膝降重心的习惯。注意动作要领，领做正确示范。

练习者可采用原地及行进间慢速的动作体会练习；采用原地以左、右脚为轴，进行60°，90°，180°，270°前转身的练习。教师可通过限高标志杆、设置固定步长的方式，以及给以压、按、推、转的力量干扰，帮助练习者练习稳定重心，提高对抗其干扰能力。练习者可进行行进间"急停+前转身"组合练习；分别在有防守和无防守的情况下，通过持球或跳起接球后转身的方式进行练习。

（2）后转身（图1-47）

【动作方法】（以向右侧转身为例）左脚（中枢脚）前脚掌用力碾地，右脚（移动脚）向身体右侧方向迅速跨出，并同时转腰转肩，身体重心随着转移，转身后重心应转移到两脚之间，保持身体平衡。（图1-48至图1-51）

【动作要领】中枢脚碾地；转腰转肩；移动脚跟随保持重心平稳。

【动作重点】蹬地有力，重心迅速转移。

【动作难点】身体不要上下起伏，控制身体平衡，能够迅速衔接下一

第一章　篮球基本技术

图 1-47

个动作。

【易犯错误】中枢脚（轴心脚）未用前脚掌碾地旋转；重心上下起伏；移动步幅过大或过小，转动慢。

【纠正方法】强调高重心的危害和低重心的意义，养成在球场上屈膝降重心、抬头观察的习惯。注意动作要领，领做正确示范。

图 1-48

图 1-49

25

图 1-50　　　　　　　　　图 1-51

练习者可采用原地及行进间慢速的动作体会练习；采用原地以左、右脚为轴，进行 60°，90°，180°，270°后转身的练习。教师可通过限高标志杆、设置固定步长的方式，以及给以压、按、推、转的力量干扰，帮助练习者练习稳定重心及对抗干扰。练习者可进行行进间"急停＋后转身"组合练习；分别在有防守和无防守的情况下，通过持球或跳起接球后转身的方式进行练习。

6. 步法

（1）交叉步

交叉步是一种两腿交替落地的横向移动技术方法。在防守中，我们常将其与其他步法相结合，用于及时起步以抢位来变换和保持有利的防守位置；在进攻中，常将其用于快速有力起动或急停，以获取身体最快移动速度或保持身体平衡。（图 1-52）

【动作方法】（以向左防守为例）移动时，右脚用力蹬地后，迅速向左前方跨出，同时上体稍微向左转，右脚落地后左脚迅速向左跨步。（图 1-53 至图 1-56）

第一章 篮球基本技术

图 1-52

【动作要领】起动时脚尖指向跑的方向，蹬地上步，转体跨步。

【动作重点】蹬跨迅速，抬腿转髋。

【动作难点】降重心，保持身体平稳，能够衔接下一个动作。

【易犯错误】交叉步后重心过高，两脚开立过大，导致下肢无法发力、与其他动作的衔接脱节；进行蹬地扭转时身体不随脚的方向进行转动，一直朝向侧面呈扭转姿势，限制发力。

图 1-53 　　　　　　　　　　图 1-54

篮球基本技术教程

图 1-55　　　　　　　　　　　　图 1-56

【纠正方法】强调高重心的危害和低重心的意义，养成在球场上屈膝降重心、抬头观察的习惯。注意动作要领，领做正确示范。

练习者可在原地及行进间进行发力扭转，通过蹬跨动作，以及跟随脚和身体最后的迅速摆正降低重心，进行分解动作的练习；进行"急停＋交叉步＋投篮"组合练习。

（2）碎步

碎步是在平行移动中，为保持较强机动性，而采用的快步频、小步幅的动作方法。在防守中，我们常将其用于横移抢位、堵截对手；在进攻中，常将其用于起动加速、突破防守。（图 1-57）

【动作方法】（以防守为例）两脚平行开立，稍比肩宽，两膝保持弯曲。移动时，连续以前脚掌踏地。（图 1-58、图 1-59）

【动作要领】屈膝降重心；移动时不停顿地以前脚掌踏地。

【动作重点】移动步幅短小，频率快。

【动作难点】身体不要上下起伏，能够迅速衔接下一个动作。

【易犯错误】后脚跟着地，两脚间距过小，频率慢；重心上下起伏或

28

第一章　篮球基本技术

图 1-57

重心靠后；核心区松散；低头。

【纠正方法】强调高重心的危害和低重心的意义，养成在球场上屈膝降重心、抬头观察的习惯。注意动作要领，领做正确示范。

练习者可采用原地及行进间慢速的动作体会练习；采用听或看信号的方式，以"碎步＋滑步"或"碎步＋加速跑"进行向不同方向移动加速的组合练习。

图 1-58　　　　　　　　　　图 1-59

29

（3）滑步

滑步是为了在防守中保持有利位置并及时向不同方向移动的动作方法总称。滑步分为侧滑步及其变异性动作前滑步和后滑步。我们常将其用于阻截进攻的路线。（图1-60）

图1-60

【动作方法】（以向右侧滑步为例）两脚平行站立，两膝较深弯曲，上体略前倾，两臂侧伸。移动时，右脚向右跨步的同时，左脚蹬地向右脚滑动靠近，两脚保持一定距离，右脚继续跨步，动作重复。（图1-61至图1-64）

【动作要领】保持屈膝降重心；滑动时，蹬跨协同发力，重心保持在两腿之间，两臂伸开，两眼注视对手。

【动作重点】身体不要上下起伏，两脚不要交叉，蹬跨有力。

【动作难点】两脚的协调配合，能够迅速衔接下一个动作。

【易犯错误】重心过高或上下起伏；蹬跨无力；滑跳步。

【纠正方法】强调高重心的危害和低重心的意义，养成在球场上屈膝降重心、抬头观察的习惯。注意动作要领，领做正确示范。

第一章　篮球基本技术

图 1-61

图 1-62

图 1-63

图 1-64

练习者可采用原地及行进间慢速的动作体会练习；两人面对面，将一只手臂侧向打开，另一只自然下垂触碰小腿中侧，并保持触碰，沿三分线路线进行滑步练习；采用听或看信号的方式，以"碎步＋滑步"进行向不同方向移动的组合练习。

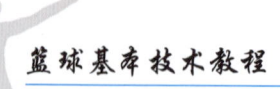

（4）后撤步

后撤步是当进攻人从前脚外侧持球突破或摆脱时，为了保持有利位置而采取的防守动作方法。我们常将其与滑步、跑等动作相结合，用于堵截进攻路线。（图1-65、图1-66）

图1-65

图1-66

【动作方法】（以左脚在前为例）撤步时，用左脚（前脚）前脚掌内侧蹬地，随之腰部用力向后转动，同时右脚（后脚）前脚掌辗地，后撤左腿。（图1-67至图1-70）

【动作要领】前脚蹬地后撤；后脚碾地，扭腰，转髋。

【动作重点】蹬地后撤快，碾地转髋猛，后撤角度不宜过大。

【动作难点】重心要平稳，能够迅速衔接下一个动作。

【易犯错误】后撤脚的角度过大，导致横跨步、撤步动作慢。

【纠正方法】强调高重心的危害和低重心的意义，养成在球场上屈膝降重心、抬头观察的习惯，注意动作要领，领做正确示范。

图 1-67 　　　　　　　　　　　　　　图 1-68

图 1-69 　　　　　　　　　　　　　　图 1-70

练习者可采用原地及行进间慢速的动作体会练习；进行原地规定后侧角度为 45°的后撤步练习；进行行进间进攻防守练习。

（5）攻击步

攻击步是一种突然向前跨步争取主动的防守动作方法。我们常将其用

来进行抢球、打球，以及制造对手接球、传球、投篮失误。（图 1-71）

图 1-71

【动作方法】后脚用力蹬地，前脚突然迅速向前跨出迫近对手，前脚同侧手前伸做防守干扰对手的动作。（图 1-72 至图 1-74）

图 1-72

图 1-73

【动作要领】后脚蹬地；前脚前跨；伸手干扰，逼近对手。

【动作重点】动作迅速突然，腰部用力，重心下降。

【动作难点】身体易前倾，攻击步后不能马上收回，不能迅速衔接下一个动作。

【易犯错误】重心过高或前倾过度；蹬跨无力；身体平衡控制不好。

图 1-74

【纠正方法】强调高重心的危害和低重心的意义，养成在球场上屈膝降重心、抬头观察的习惯。注意动作要领，领做正确示范。

练习者可采用原地及行进间慢速的动作体会练习；进行原地或行进间攻击步防守练习。

四、学练建议

① 明确准备姿势、移动技术在篮球比赛中的重要地位与作用，以及对各项篮球技术的重要影响和对提高各项技术的重要作用。

② 准备姿势与移动技术教学可先采用原地分解动作练习，体会动作的关键点，学会控制重心。而后进行慢速行进间的完整技术动作练习，待技术动作无误后，再进行快速行进间各种脚步的练习。最后在掌握各种移动技术之后，应进行模拟实战练习，培养和提高运用移动技术的意识和能力。

③ 注意准备姿势与移动技术相结合，形成趋近于实战的各种相关组合球性练习。应与提高专项身体素质紧密结合，加强腿部力量和踝、膝、髋关节灵活性的练习。同时还应与其他攻守技术配合练习。

④加强对准备姿势与移动技术重要性的认识，重视专项身体素质的练习，应将提高脚步动作的突然性、快速性、灵活性作为教学和学习重点，在各种移动练习中，都应强调正确的站立姿势、稳定的重心和移动的突然性，养成时刻观察场上情况的习惯。

五、综合练习

1. 综合移动练习

两人一组，练习者①与练习者②同时由底线出发，加速跑至中场线后改为侧身跑至篮下。从篮下放松跑回对面底线。依次循环交替进行练习。（图1-75）

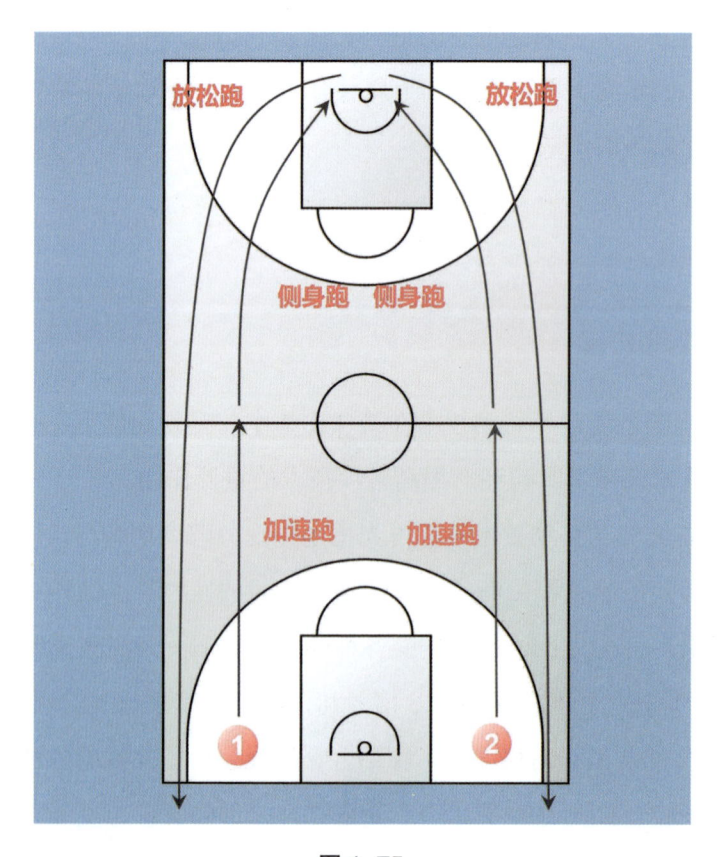

图1-75

2. 综合脚步练习

练习时，练习者①由一侧底线出发侧身跑至中场线附近做短距离快速的变向跑，后接侧身跑至对面底线零度角附近接加速跑至对面边线，然后转身面向对面底线进行加速跑至中场线附近做短距离快速的变向跑，后接侧身跑至篮下结束。依次循环交替进行练习。（图1-76）

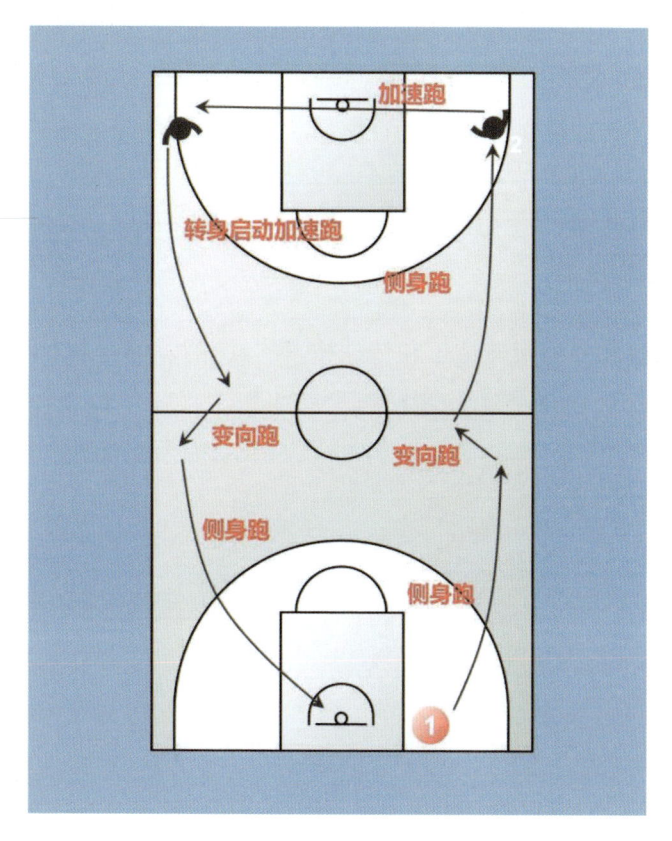

图1-76

思考题

1. 进攻准备姿势与防守准备姿势有何区别？举例说明。
2. 在比赛中，合理运用准备姿势能发挥怎样的作用？举例说明。
3. 在比赛中，合理运用移动技术能发挥怎样的作用？举例说明。

第二节　传接球技术

一、概述

传接球技术是在比赛中有目的地支配与转移球的动作方法的总称。传接球技术是进攻中相互联系和组织进攻战术的纽带，也是实现战术配合的具体手段。传接球质量的好坏，直接影响战术执行质量的高低，以及实施攻击成功率的高低。

二、技术分类

传接球技术分为接球技术和传球技术。接球技术包括双手接球和单手接球；传球技术包括双手胸前传球、双手头上传球、单手肩上传球等。（图1-77）

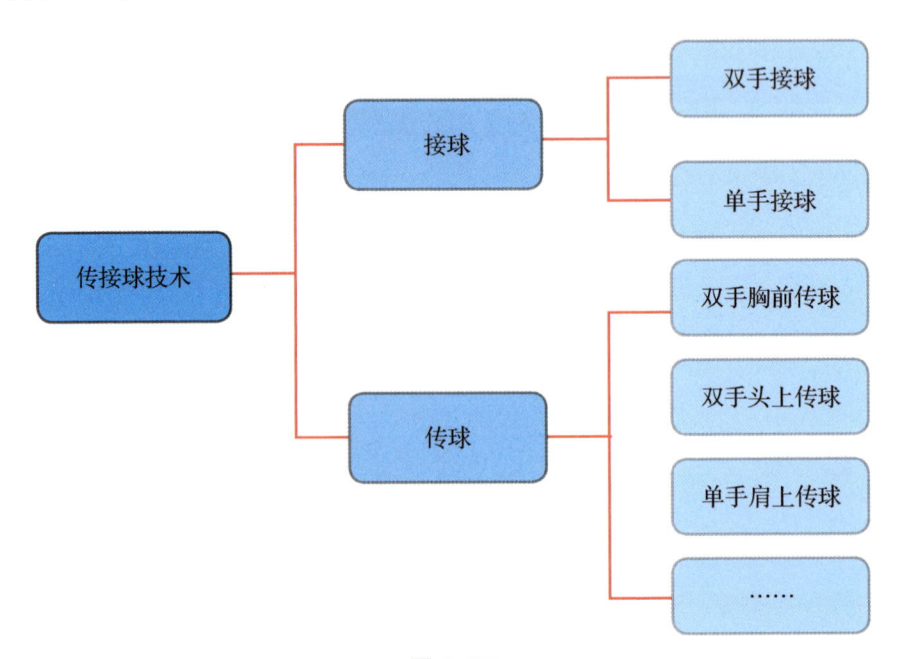

图1-77

三、技术动作方法及应用

（一）接球

1. 双手接球

双手接球是一种握球牢稳，易于转换其他动作的动作方法，是在比赛中被运用最广泛的接球动作。（图1-78）

图1-78

【动作方法】接球时，两眼注视来球，手指自然分开，两拇指呈"八"字形，两臂伸出迎球，当手指触球后，两臂随球后引缓冲来球的力量，握球于胸腹前。（图1-79至图1-82）

【动作要领】注视来球；手指分开；两拇指相对呈"八"字形；主动迎球后迅速后引缓冲。

【动作重点】主动伸臂接球，屈肘后引把球收。

【动作难点】手指与手臂接球时协调放松，缓冲来球力量，能够迅速衔接下一个动作。

【易犯错误】接球手形错误；未伸臂迎球，出现抱球、挟球、原地等球；接球后手臂未后引缓冲。

【纠正方法】强调高重心的危害和低重心的意义，养成在球场上屈膝降重心、抬头看球的习惯。注意动作要领，领做正确示范。

练习者可采用原地及行进间慢速的动作体会练习；将球抛向空中，进行快速伸臂接球练习；双手将球传向墙壁上方，迅速进行接球练习。

图 1-79

图 1-80

图 1-81

图 1-82

2. 单手接球

单手接球是一种接球控制范围大，易接不同部位和方向来球的动作方法，采用单手接球有利于接球后的快速行动。（图 1-83）

图 1-83

【动作方法】（以原地右手接球为例）两眼注视来球，右手伸向来球方向，五指自然分开，掌心正对来球。当手指触球时，顺球的来势迅速收臂，左手迅速扶球，置球于胸腹之间。保持身体平衡。（图 1-84 至图 1-87）

【动作要领】注视来球；手指分开；掌心对球；触球收臂；扶球及时。

【动作重点】主动迎球，触球收臂，另一侧手积极扶球，迅速后引缓冲。

【动作难点】触球时，协调放松与缓冲来球力量，能够迅速衔接下一个动作。

【易犯错误】接球时手触球部位不正确；扶球不及时。

【纠正方法】强调高重心的危害和低重心的意义，养成在球场上屈膝降重心、抬头看球的习惯。注意动作要领，领做正确示范。

练习者可采用原地及行进间慢速的动作体会练习；将球抛向空中，进行单手快速伸臂接球练习；单手将球抛向墙壁上方，迅速进行接球练习。

图 1-84

图 1-85

图 1-86

图 1-87

（二）传球

1. 双手胸前传球

双手胸前传球是一种平直且快速、易于控制、准确性高、便于与其他动作相结合的动作方法。我们常将其用于不同方向、不同距离的传球，便于和各种假动作，以及投篮、突破等动作相结合。（图1-88）

图1-88

【动作方法】双手持球于胸腹之间，两肘自然弯曲于体侧，身体成基本站立姿势，注视传球目标。传球时后脚蹬地发力，身体重心前移，两臂前伸，两手腕随之内旋，拇指用力下压，食指、中指用力拨球并将球传出。球出手后，两手略向外翻。（图1-89至图1-91）

【动作要领】两手五指自然分开，拇指相对呈"八"字形；持球屈肘于胸前；注视传球目标，后脚蹬地；持球两臂向前伸，同时手腕向外翻。

【动作重点】手腕内旋，抖腕拨指发力。

【动作难点】上下肢协调发力，传球时准确地控制球的方向与落点。

【易犯错误】持球手形错误，掌心触球；肘关节外展、传球时向外挤球或手臂上举向下砸击；发力不充分，动作不连贯；反弹传球落地点不正确，球弹起高度不够。

【纠正方法】强调高重心的危害和低重心的意义，养成在球场上屈膝降重心、抬头看球的习惯。注意动作要领，领做正确示范。

图 1-89（a）

图 1-89（b）

图 1-90（a）

图 1-90（b）

图 1-91（a）　　　　　　　图 1-91（b）

练习者可采用原地及行进间慢速的动作体会练习；徒手或持球进行原地推传练习；原地或行进间进行近、远距离的对传练习；在两人距离三分之二处做上标记点，进行双手胸前击地传球练习。

2. 双手头上传球

双手头上传球是一种出手点高，摆臂动作幅度小、便于与假动作相结合的动作方法。我们常将其用于中、近距离传球，如抢篮板球后的传球、外线的转移球，以及向内线高吊球。（图 1-92）

【动作方法】双手持球把球置于头上，两肘微屈。传球时，小臂内旋前摆，手腕前屈，手指拨球，将球传出。（图 1-93 至图 1-95）

【动作要领】球置头上；两肘微屈；小臂前摆；手腕内旋前屈；指端拨球。

【动作重点】小臂前摆快速向前抖腕。距离远时配合蹬地、跨步和腰腹用力。

【动作难点】上下肢协调发力，传球时准确地控制球的方向与落点。

图 1-92

【易犯错误】传球时，球置于头后摆臂下压。

【纠正方法】强调高重心的危害和低重心的意义，养成在球场上屈膝降重心、抬头看球的习惯。注意动作要领，领做正确示范。

图 1-93（a）  　　　　　　图 1-93（b）

第一章　篮球基本技术

图1-94（a）

图1-94（b）

图1-95（a）

图1-95（b）

练习者可进行原地分解练习，由徒手至持球，着重练习快速前伸小臂的发力；采用原地及行进间慢速的动作体会练习；采用限制传球高度或远度的方式，进行近、远距离的对传练习。

3. 单手肩上传球

单手肩上传球是一种传球力度大、球速快的动作方法。我们常将其用于发动快攻和中远距离转移球。（图1-96）

图1-96

【动作方法】（以右手单手传球为例）双手持球于胸前，两脚平行开立。传球时，左脚向传球方向跨出半步，右手将球引到右肩侧上方，肘部外展，手腕后仰。左肩对着传球方向，重心落在右脚上，随之右脚蹬地转体，右前臂迅速向前挥摆，手腕前屈，通过食指、中指拨球将球传出。球出手后，右脚随着身体重心前移而向前迈出半步，保持身体平衡。（图1-97至图1-99）

【动作要领】跨步转体；引球于肩；肘部外展；手腕后仰；蹬地转体；小臂前摆；手腕内旋前屈；指端拨球。

【动作重点】以肩带肘，挥臂扣腕。

【动作难点】上下肢协调发力，传球时准确地控制球的方向与落点。

第一章　篮球基本技术

图 1-97（a）

图 1-97（b）

图 1-98（a）

图 1-98（b）

【易犯错误】肘关节和手臂下拉、甩臂弯曲，形成腕推球。

【纠正方法】强调高重心的危害和低重心的意义，养成在球场上屈膝降重心、抬头看球的习惯。注意动作要领，领做正确示范。

49

练习者可采用原地及行进间慢速的动作体会练习；手持羽毛球扔向最远处，体会发力感受；在原地或行进间进行近、远距离的对传练习。

四、学练建议

① 明确传接球技术在篮球比赛中的重要地位与作用，培养合理、规范的传接球技术的意识。

② 传接球技术教学可采用动作分解与完整的先原地再行进间的练习方法。先分别练习原地传接球的分解及完整动作，再练习行进间传接球技术的完整动作，最后在模拟实战中进行传接球技术的练习。

③ 注意传接球技术和其他技术结合训练，形成趋近于实战的相关组合球性练习。如传接球技术与投篮等相关技术相结合。

④ 加强对传接球技术的攻防练习。养成善于观察场上情况的习惯。树立责任感和集体主义观念，培养主动配合意识。

图 1-99

五、综合练习

1. 连续移动传接球练习

两人一组，相距4～6米，持一球。练习时，练习者②直线侧身快跑，练习者①持球分别向右、左前方传球，练习者②接练习者①传出的球急停，并立即回传给练习者①，然后迅速原路折返，依次循环交替进行练习。注意此练习，须掌握好球的提前量，逐渐加大接球难度；接球停步动作连贯，保持身体平衡，快速回传球。（图1-100）

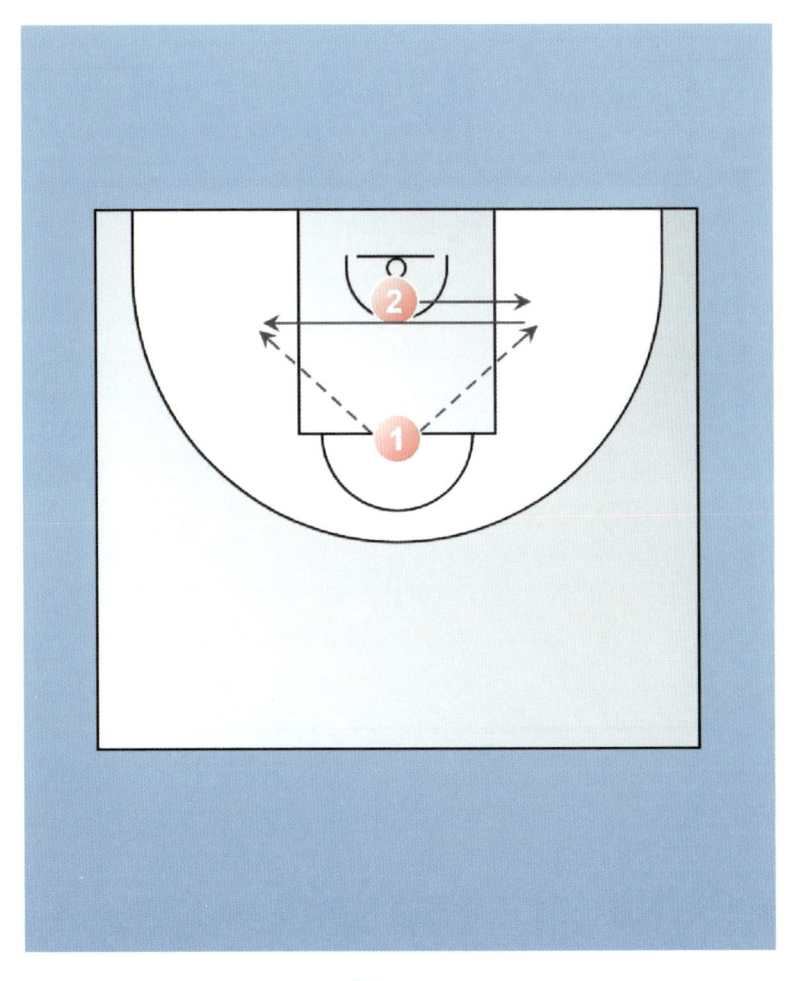

图1-100

2. 三人穿梭移动传接球练习

三人一组，持一球。练习时，练习者①传球给练习者②，传球后立即快跑到练习者②的位置；练习者③补到练习者①位置上；练习者②接球后传给练习者③，并跑到练习者③的位置；练习者③接球后，传给已到原练习者②位置的练习者①，再跑向对面。依次循环交替进行穿梭移动传接球练习。（图 1-101）

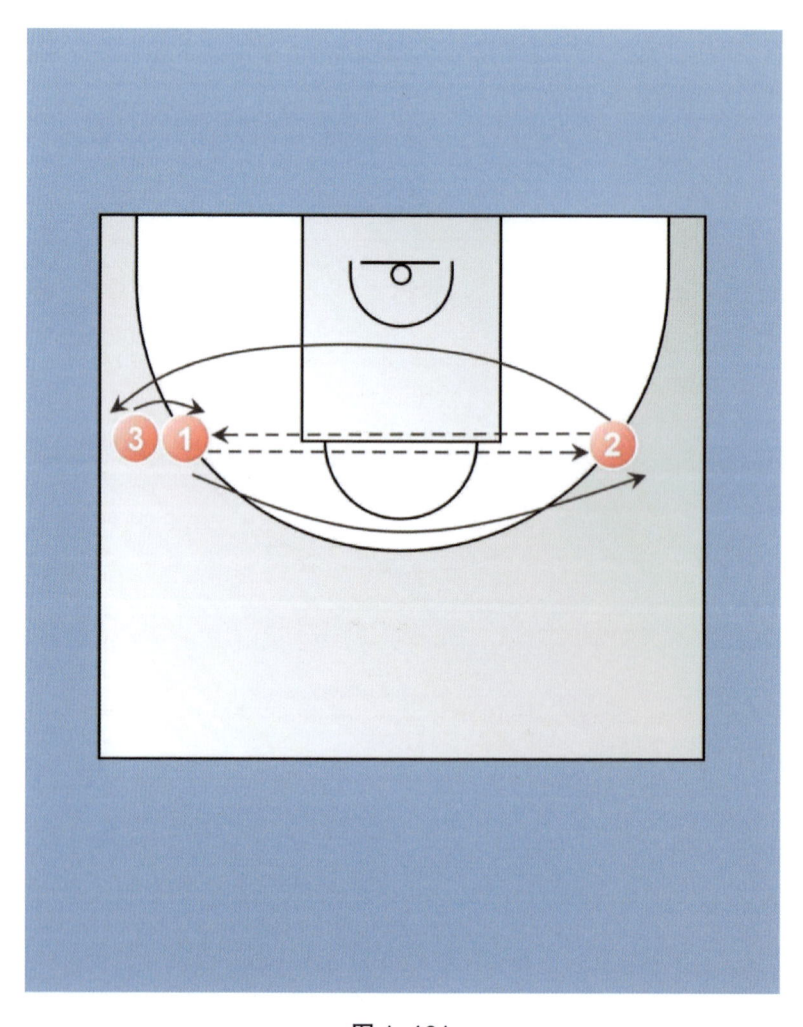

图 1-101

3. 半场四角跟进传接球练习

八人四角站位，持一球。练习时，练习者③传球给练习者④，传球后向对角线侧身跑的过程中接练习者④的回传球再传给练习者②，跑到练习者②的队尾排队。练习者②接球的同时，练习者④起动向对角线侧身跑，并接练习者②的球再传给练习者①，跑到练习者①的队尾排队。练习者②跟进向对角线侧身跑，并接练习者①的传球再传给练习者⑦，跑到练习者⑦的队尾排队，练习者①跟进向对角线侧身跑，并接练习者⑦的球再传给练习者⑧，跑到练习者⑧的队尾排队。依次循环交替进行练习。（图1-102）

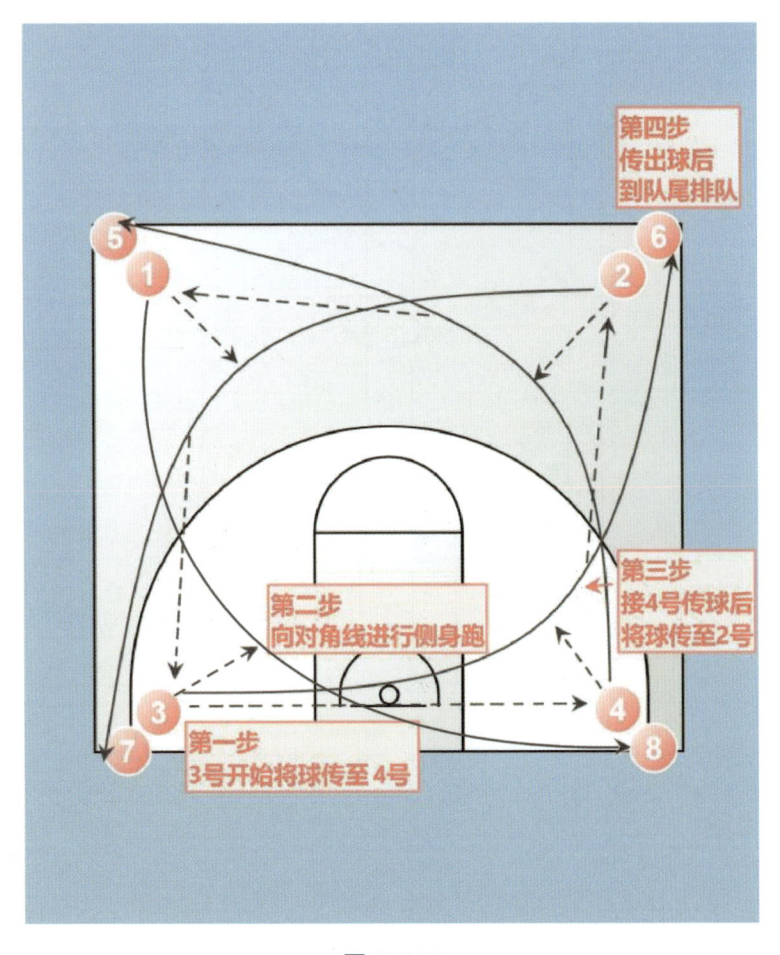

图1-102

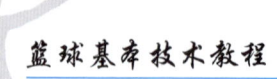

4. 双人行进间传接球练习

两人一组，持一球，从篮球场一侧底线出发进行练习。练习时，练习者①传球给直线跑动的练习者②后直线跑动接练习者②的回传球，再次传球给直线跑动的练习者②，并重复至底线后从另一侧底线以同样的方式返回。依次循环交替进行练习。（图1-103）

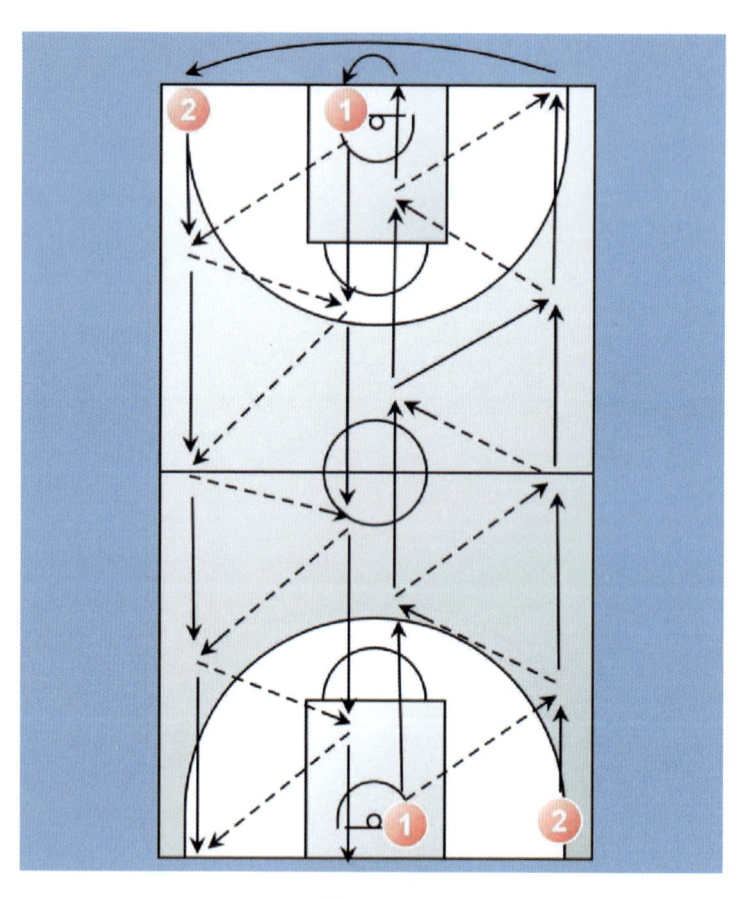

图 1-103

思考题

1.在比赛中，合理运用传接球技术能发挥怎样的作用？举例说明。

2.在应用传接球技术时，应注意哪些问题？举例说明。

第三节　运球技术

一、概述

运球技术是在原地或移动中用单手连续拍球推进的动作方法的总称。运球技术是一项重要的进攻技术，在一定程度上反映个体控制球、支配球的能力，娴熟的运球不仅是个人摆脱、突破防守的进攻手段，也是组织全队战术配合的桥梁。

二、技术分类

运球技术分为低运球、高运球、运球急停急起、体前换手变向运球、胯下变向运球、背后运球、运球转身等。（图1-104）

```
                    ┌── 低运球
                    ├── 高运球
                    ├── 运球急停急起
        运球技术 ───┼── 体前换手变向运球
                    ├── 胯下变向运球
                    ├── 背后运球
                    ├── 运球转身
                    └── ……
```

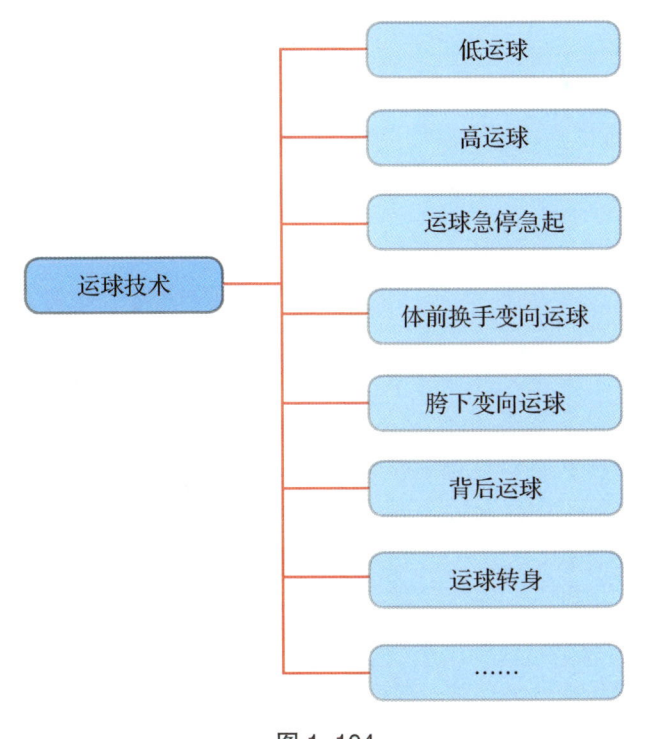

图1-104

三、技术动作方法及应用

（一）低运球

低运球是一种反弹高度低，按拍频率快，又便于护球的动作方法。我们常将其用于摆脱防守的抢截或突破防守。（图 1-105）

图 1-105

【动作方法】（以右手原地运球为例）运球时，左脚向前跨出半步，左手屈肘架于身体侧前胸部高度，上体前倾，抬头目视前方。运球手指腕发力按拍球的正上方，使球反弹的高度控制在膝关节及以下位置。（图 1-106 至图 1-107）

【动作要领】前后站立；屈膝降重心；手腕下压，手指拨球；护球。

【动作重点】目视前方，降低重心，指腕发力按拍球，非运球手护球。

【动作难点】运球频率快速，控制球的反弹高度，能够迅速衔接下一个动作。

【易犯错误】直腿弯腰、低头看球；手打球或掌心控球；未护球。

【纠正方法】教师应强调高重心的危害和低重心的意义，加强对练习

第一章　篮球基本技术

者突破意识的培养，使其养成屈膝降重心、抬头观察的习惯。教学中注意动作要领，教师可领做正确示范。

图 1-106（a） 　　　　　　　　图 1-106（b）

图 1-107（a） 　　　　　　　　图 1-107（b）

练习者采用原地及行进间进行慢速的动作体会练习；采用各种球性练习方法进行练习；用单手、双手，呈蹲姿，把运球手的肘关节放在膝上固

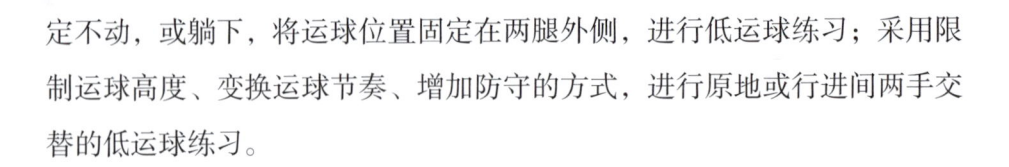

定不动，或躺下，将运球位置固定在两腿外侧，进行低运球练习；采用限制运球高度、变换运球节奏、增加防守的方式，进行原地或行进间两手交替的低运球练习。

（二）高运球

高运球是一种按拍力度大，反弹高度高，行进速度快的动作方法。我们常将其用于快速推进、位置转移，或与行进间上篮相结合。（图1-108）

图1-108

【动作方法】（以原地右手高运球为例）运球时，两腿微屈，平视前方，运球手肩关节、肘关节、腕关节依次向下方用力伸展，指腕发力按拍球的正上方，球的落点在身体的侧前方，球的反弹高度在胸腹之间。行进间高运球时，手臂向前下方伸展，按拍球的部位在球的上后侧方，球的落点在身体的侧前方。（图1-109至图1-110）

【动作要领】前后站立；两腿微屈；随球上引，前臂屈伸；球的落点在身体侧前方，反弹高度在胸腹间；非运球手护球。

【动作重点】目视前方，随球上引，前臂屈伸，指腕发力，按拍球的

58

正上方，非运球手积极护球。

【动作难点】运球手肩关节、肘关节、腕关节的协调发力，能够迅速衔接下一个动作。

【易犯错误】身体及两腿直立；肘关节外张；五指并拢掌心触球，挥臂打球；低头看球。

图 1-109（a）

图 1-109（b）

图 1-110（a）

图 1-110（b）

【纠正方法】 强调高重心的危害和低重心的意义，加强突破意识的培养，养成在球场上屈膝降重心、抬头观察的习惯。注意动作要领，领做正确示范。

练习者可采用原地及行进间慢速的动作体会练习；练习者降重心进行原地练习，通过同伴用手拍打其肩部及手臂进行抗干扰练习；采用限制运球高度或变换运球节奏的方式，进行原地及行进间两手交替的高运球练习；采用听或看信号的方式，进行原地或行进间单手、双手高低平行或高低交错的"高运球+低运球"练习；采用两人边运球、边断球的方式进行对抗练习。

（三）运球急停急起

运球急停急起是一种在行进间利用速度变化摆脱防守的动作方法。在防守紧逼过程中，我们常将其用于摆脱对手。（图1-111至图1-112）

图1-111

图1-112

【动作方法】 （以右手运球为例）急停时，运用跨步急停，同时右手按拍球的前上方。急起时，上体迅速前倾，重心前移，后腿前脚掌用力蹬地，迅速向前跨出一大步，同时按拍球的后上方，加速摆脱防守。

（图 1-113 至图 1-115）

【动作要领】跨步急停重心降；按拍球的前上方；蹬地跨步前推球；非运球手护球。

【动作重点】非运球手积极护球。运球急停时降低重心，按拍球的前上方；急起时后脚快速蹬地发力，推球的后上方。

图 1-113（a）

图 1-113（b）

图 1-114（a）

图 1-114（b）

图 1-115（a） 　　　　　　　　图 1-115（b）

【动作难点】运球节奏的变换及能够迅速衔接下一个动作。

【易犯错误】停不稳；起动慢；未护球。

【纠正方法】强调高重心的危害和低重心的意义，加强突破意识的培养，养成在球场上屈膝降重心、抬头观察的习惯。注意动作要领，领做正确示范。

练习者可采用原地及行进间慢速的动作体会练习；采用各种球性练习，结合移动步伐进行练习；设置有标志盘、矿泉水瓶等不同限制物的运球路线，进行低运球手摸标志盘或扶倒矿泉水瓶的练习；采用听或看信号的方式，进行行进间运球急停急起的练习；在空中"限制"急停时的低运球高度，进行触碰体会急停降低重心的练习；两人一组，进行原地和行进间的对抗练习。

（四）体前换手变向运球

体前换手变向运球是一种在快速运球推进中，通过换手运球改变方向，突破防守的动作方法。在进攻前进路线被堵截时，我们常用此法。（图1-116）

第一章 篮球基本技术

图 1-116

【动作方法】以右手换左手为例，变向时右手按拍球的右后上方前送，同时上体向左转体，右肩下压，左脚向左前方跨一大步，左手接反弹至左侧的球，向前下方按拍球，右脚蹬地加速推进。（图 1-117 至图 1-119）

图 1-117（a）  　　　　图 1-117（b）

63

图 1–118（a）  　　　　　　　　图 1–118（b）

图 1–119（a）  　　　　　　　　图 1–119（b）

【动作要领】换手变向肩下沉；非运球手积极护球；跨步蹬地加速快。

【动作重点】转体探肩连贯、蹬跨有力，换手变向后加速。

【动作难点】变向时拍球的侧后上方前送，变向后向前推放球，蹬地加速，能够迅速衔接下一个动作。

【易犯错误】重心高，蹬转无力，转身不及时；触球部位不正确，未侧身护球；变向距离过远或过近。

【纠正方法】强调高重心的危害和低重心的意义，加强突破意识的培养，养成在球场上屈膝降重心、抬头观察的习惯。注意动作要领，领做正确示范。

练习者可根据球的行走方向，正确按拍球的不同部位，反复进行推、拉、变向的运球练习；采用变换运球高度、运球节奏的方式，在身前进行原地单手、双手左右运球练习；采用原地及行进间慢速的动作体会练习；进行行进间胯下变向运球练习；两人一组，进行原地和行进间的对抗练习。

（五）胯下变向运球

胯下变向运球是一种将球从两腿之间做方向改变的动作方法。当防守者距离较近时，我们常将其用于摆脱防守者的迎面堵截。（图1-120）

图1-120

【动作方法】（以右手运球，向左侧变向为例）变向时，左脚向左侧方跨出，身体重心前移，右手按拍球的右侧上方，将球从胯下（两腿之间）穿过，同时上体左转，右肩下压，随之左手接球，右脚用力蹬地加速推进。（图1-121至图1-123）

【动作要领】变向按拍球外侧，球从两腿中间过，引球蹬地，护球。

【动作重点】变向时身体转向前进方向，脚尖朝向行进路线，球落点要超过身体与前后两腿中线，左手接球要迅速准确，引球蹬地加速快，非运球手护球积极。

图 1-121（a）

图 1-121（b）

图 1-122（a）

图 1-122（b）

第一章　篮球基本技术

图 1-123（a）　　　　　图 1-123（b）

【动作难点】跨步与按拍球的协调配合，能够迅速衔接下一个动作。

【易犯错误】胯下运球击地点偏后；手与脚的配合不协调。

【纠正方法】强调高重心的危害和低重心的意义，加强突破意识的培养，养成在球场上屈膝降重心、抬头观察的习惯。注意动作要领，领做正确示范。

练习者可采用单手在身前进行左右及身侧前后运球练习；进行双手体前交叉及体后交叉运球练习；采用原地及行进间慢速的动作体会练习；进行原地的分解动作练习；进行原地限制运球高度、变换运球节奏的练习；进行手脚协调配合的跳跨（连续胯下运球）练习；采用先沿边线练习直线，再练习曲线的方式进行行进间的胯下变向运球练习；两人一组，进行原地和行进间对抗练习。

（六）背后运球

背后运球是一种从背后改变球的方向，借助身体和非运球手保护球的动作方法。当前进速度快时我们常将其用于摆脱防守。（图 1-124）

67

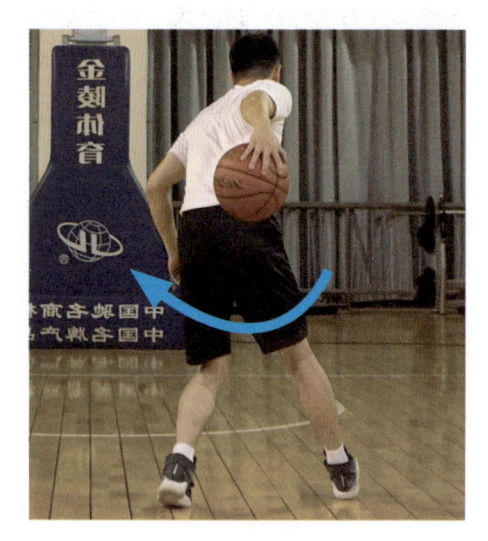

图 1-124

【动作方法】（以右手运球，向左侧变向为例）变向时，右脚前跨，右手将球拉到右侧身后，迅速转腕按拍球的右后方，使球从背后反弹至左脚侧前方，左脚同时向左前方跨步，换左手运球加速推进。（图 1-125 至图 1-127）

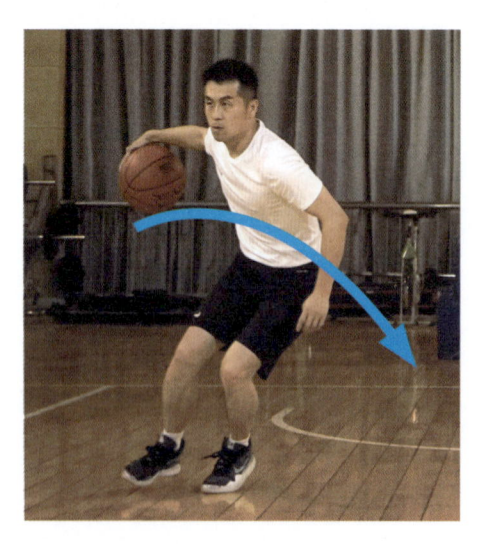

图 1-125（a）  　　　　　　　　图 1-125（b）

68

图 1-126（a） 　　　　　　　　　　图 1-126（b）

图 1-127（a） 　　　　　　　　　　图 1-127（b）

【动作要领】拉球转腕按拍球；球弹同时须跨步；侧肩；换手运球；护球。

【动作重点】以肩关节为轴，转腕拍按球，上体左转，右肩下压，换手运球加速，非运球手积极护球。

【动作难点】运球稳定，换手加速，能够迅速衔接下一个动作。

【易犯错误】 变向前运球的位置离身体太远，球的反弹高度不够；变向时出现挺腹动作，手按拍、接触球的部位错误。

【纠正方法】 强调高重心的危害和低重心的意义，加强突破意识的培养，养成在球场上屈膝降重心、抬头观察的习惯。注意动作要领，领做正确示范。

练习者可进行原地背后放球找准球的落点的练习；采用原地及行进间慢速的动作体会练习；采用先沿边线练习直线，再练习曲线的方式进行行进间背后运球的练习；两人一组，进行原地和行进间对抗练习。

（七）运球转身

运球转身是一种利用转身改变运球路线，便于最大限度保护球的动作方法。常将其用在防守者紧贴防守，堵截运球路线时。（图1-128至图1-129）

图 1-128　　　　　　　　图 1-129

【动作方法】（以右手运球转身为例）转身时，右手用力运球，迅速上左脚，并以左脚（中枢脚）前脚掌为轴用力碾地，右脚（移动脚）向后迅速跨出，同时右手将球提拉至身后换左手，右手护球，随之探肩运球，从对手的右侧突破加速推进。（图 1-130 至图 1-133）

【动作要领】中枢脚前掌为轴；上步转身提拉球；球换手须探肩；加速超越防守；护球。

图 1-130（a）

图 1-130（b）

图 1-131（a）

图 1-131（b）

图 1-132（a）

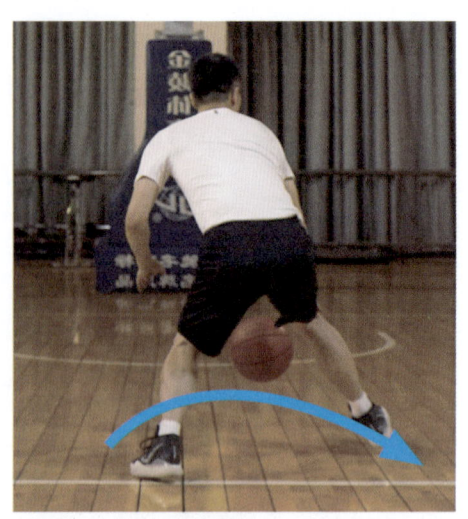

图 1-132（b）

图 1-133（a）

图 1-133（b）

【动作重点】借助运球反弹的力量转身，转身后髋关节、脚尖朝向行进路线，非运球手积极护球。

【动作难点】转身迅速，重心平稳，能够迅速衔接下一个动作。

【易犯错误】重心上下起伏或后仰，转身角度不对。跨步转身时运球无力。球离身太远而脱手或不易控制与保护球，转身后不换手不加速。

【纠正方法】强调高重心的危害和低重心的意义，加强突破意识的培养，养成在球场上屈膝降重心、抬头观察的习惯。注意动作要领，领做正确示范。

练习者可采用原地及行进间慢速的动作体会练习；原地大力运球，进行后拉球至身后的原地运球练习；采用两手交替限制运球高度、变换运球节奏的方式，向前跨步进行半转身换手运球练习；采用先沿边线练习直线，再练习曲线的方式进行行进间的运球转身练习；两人一组，进行原地和行进间对抗练习。

四、学练建议

① 明确运球技术在篮球比赛中的重要地位与作用，培养良好的球性、扎实的运球基本功，以及在实战中合理运用的能力。

② 运球技术教学可采用动作分解与完整的先原地再行进间的练习方法。先分别练习原地各种球性练习、各种运球技术动作练习。尤其要加强非惯用手的练习，使左右手运球的能力均衡发展。再练习行进间运球的完整动作，最后在模拟实战中进行各种运球技术的练习。

③ 注意运球技术和其他技术结合训练，形成趋近于实战的相关组合球性练习。如运球技术和传球、投篮等技术相结合。强调在运球时抬头、眼平视，养成观察场上情况的习惯。

④ 加强对运球技术的攻防练习。注意战术意识的培养，掌握好运球的时机，并及时变换和衔接下一个动作。

五、综合练习

1. 三人换位直线跑动运球练习

三人一组，持一球。练习时，练习者①运球到练习者②的身前，将球传给练习者②，然后到练习者②的位置；练习者②立即向对面运球到练习者③的身前，传球给练习者③，练习者③同样向对面快速直线运球；依次循环交替进行练习。（图1–134）

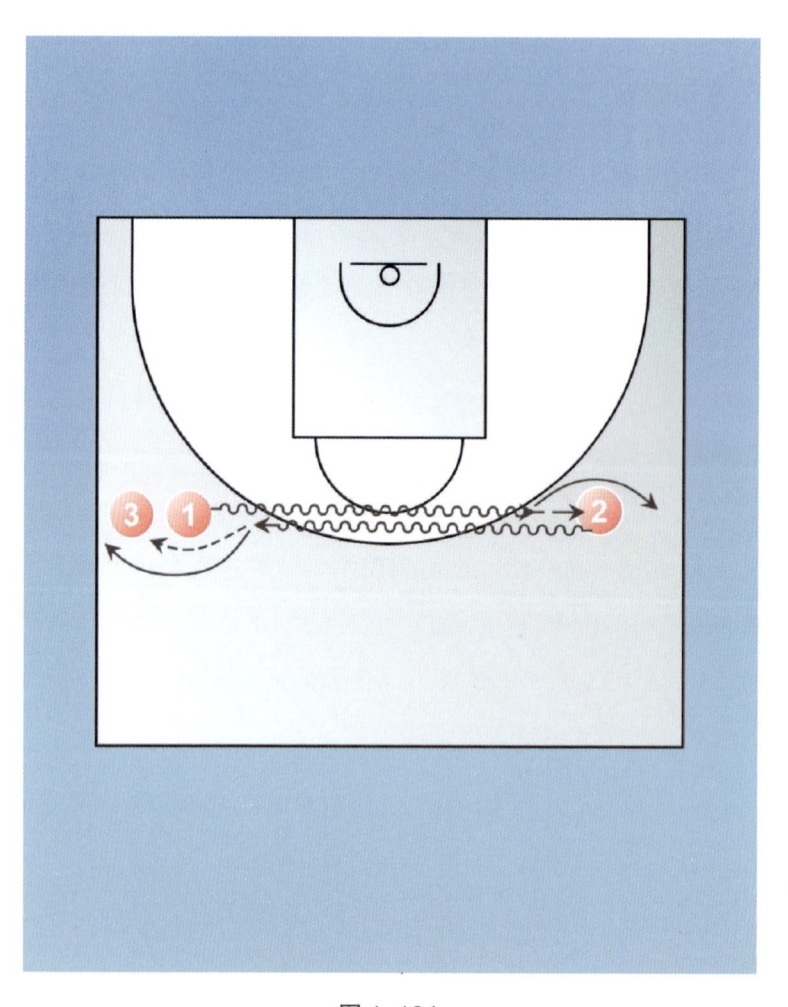

图1–134

2. 半场斜线换位跑动运球练习

分成四组站四角进行练习。练习时，练习者①和练习者②各持一球。练习者按图示路线进行行进间高运球练习。依次循环交替进行练习。此练习要求练习者运球时抬头，用余光观察侧面练习者的运球动态，以避免相撞。（图1-135）

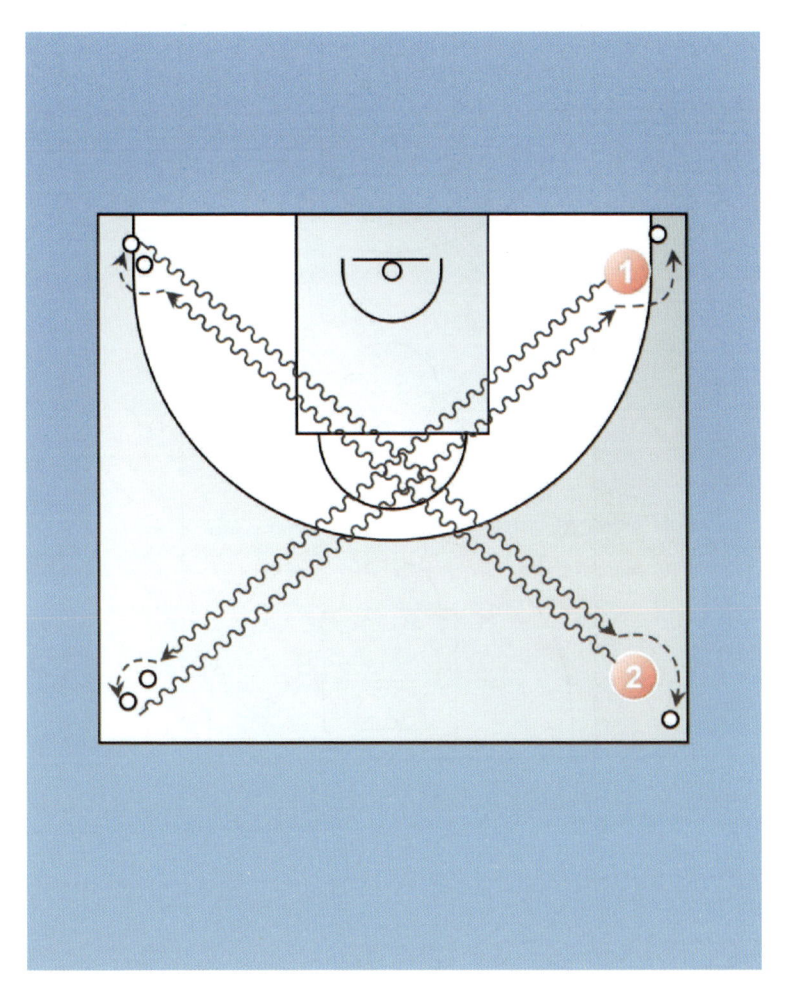

图1-135

3."Z"字形变向运球

标志筒摆成"Z"字形路线。练习时，练习者①从底线0°角处出发进行行进间运球，行至标志筒前分别做体前换手变向运球、胯下变向运球、背后变向运球、转身变向运球。然后从另一侧底线以同样的方式进行练习。依次循环交替进行练习。（图1-136）

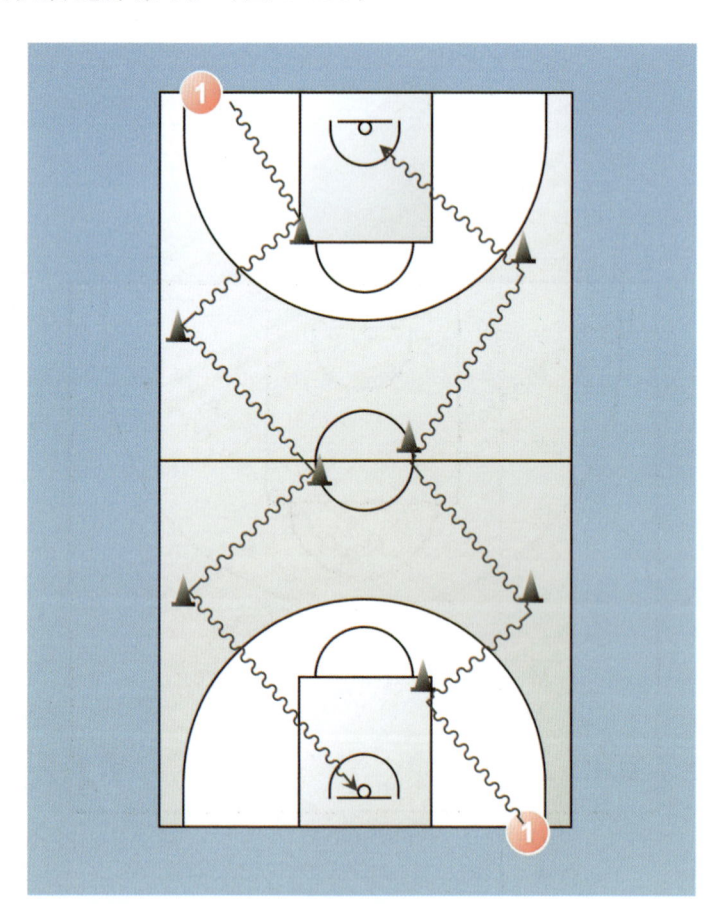

图1-136

4. 全场一攻一守练习

两人一组，持一球，练习者分为进攻者和防守者，采取各种运球方式。练习时，进攻者为练习者①，另一人为防守者。防守者开始时，只采用堵位，不进行抢球、打球，然后过渡到后场，逐渐由消极防守到积极防守，最后到积极攻防对抗。依次循环交替进行练习。（图1–137）

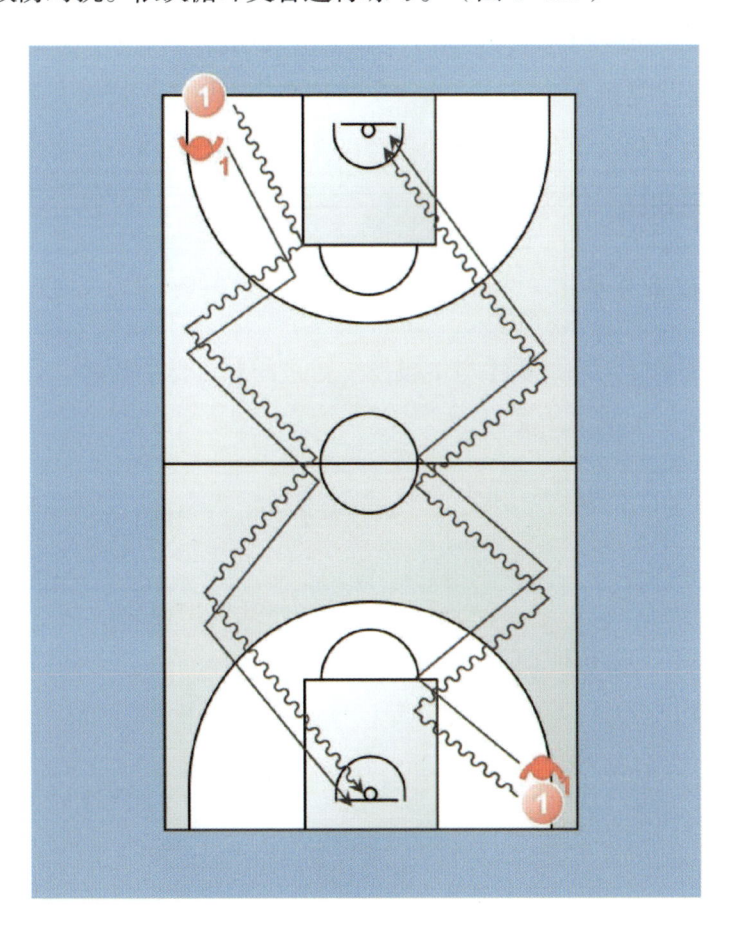

图1–137

思考题

1. 在比赛中，合理运用运球技术能发挥怎样的作用？举例说明。
2. 在应用传接球技术时，应注意哪些问题？举例说明。

第四节　投篮技术

一、概述

投篮技术是为了将球投入对方篮筐所采用的各种专门动作方法的总称。投篮技术是整个篮球技战术体系的核心，一切进攻技战术运用的最终目的都是为了创造更多、更好的投篮机会。最终投篮得分的多少，将直接决定比赛的胜负。

二、技术分类

投篮技术分为原地单手肩上投篮、行进间单手低手投篮、行进间单手高手投篮等。（图1-138）

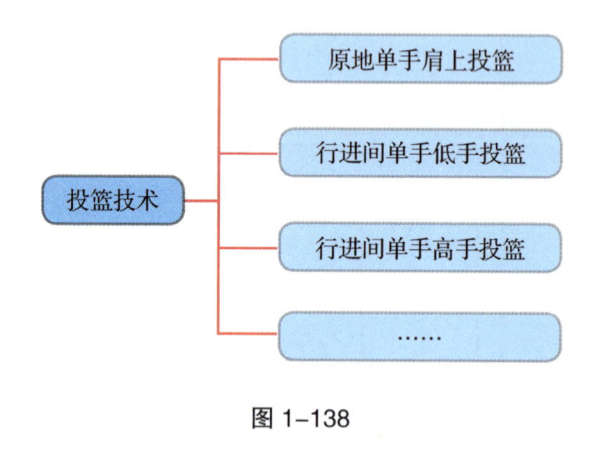

图 1-138

三、技术动作方法与应用

（一）原地单手肩上投篮

原地单手肩上投篮具有出手点高、便于结合其他技术动作和不易被防

守的特点，能在不同位置和距离中应用，是其他各种投篮方法的基础。（图 1-139）

图 1-139

【动作方法】（以右手投篮为例）双手持球，双脚开立，右脚稍前，两腿微屈，重心落在两脚之间，同时举球至右侧肩上，左手扶于球的侧方，目视篮筐。投篮时，两脚前脚掌用力蹬伸发力，身体随之向上方伸展，同时抬肘伸臂，手腕前屈，手指拨球，将球从食指、中指指端投出。球出手后，手臂随球自然跟随，腿、腰、臂自然伸直，脚跟提起。（图 1-140 至图 1-142）

【动作要领】翻腕托球于肩上；屈膝开立球对篮；蹬地同时臂上伸；出球扣腕用指弹。

【动作重点】五指自然分开，掌心空出，指根以上部位触球，肘关节不外展内收，前臂与地面接近垂直，目视投篮目标。向上蹬伸发力，充分抬肘伸臂，屈腕拨球柔和，中指、食指控制方向，球离手后手臂要自然跟随，腿、腰、臂自然伸直。

图 1-140（a）  图 1-140（b）

图 1-141（a）  图 1-141（b）

第一章　篮球基本技术

图 1-142（a）　　　　　图 1-142（b）

【动作难点】蹬伸，抬肘，伸臂，屈腕，拨球动作连贯，全身协调用力。

【易犯错误】掌心触球；两脚平行或异侧在前；肘关节外展或未抬，推球出手；手腕前屈不充分，腕指用力不柔和；动作不连贯，用力不协调，出现上下肢脱节，力量不能连贯协调地传送上来；出手后手臂急促收回。

【纠正方法】强调高重心的危害和低重心的意义，养成在球场上屈膝降重心、抬头观察的习惯。注意动作要领，领做正确示范。

练习者可采用徒手或有球的持球动作，抬肘伸臂，腕指拨球，跟随动作进行分解与组合练习；投篮手臂侧靠墙，或躺下进行无球、有球的投篮出手练习；坐在地上，进行不同距离的投篮练习；通过限制标志物（横绳或体操棒）来进行出手角度练习；原地持球下蹲蹬地，蹬地后做出投篮姿势，球向上投出，感受核心区的传导作用，上下肢协调发力。

除了学会投篮的动作方法外，要想成为一名好的得分手，还须掌握正确的持球方法、瞄篮点、出手动作，以及篮球适宜的飞行弧线与规律旋转的理论知识。

1. 持球方法

手指自然分开，掌心空出，托球的后下部，手腕后屈，小臂向上，用手指和指根把球控制住，球的重心落在食指和中指之间。

2. 瞄篮点

瞄篮点是指投篮时目视的点。投篮有直接投中和碰板投中两种方法。直接投中，应瞄准离投篮者位置与篮圈上最近的一点；碰板投中，应瞄篮板上能使球碰板后弹入球篮的一点。一般投球点与篮板呈15°～45°的位置时较好。投篮时，若碰板角度小、距离远，则瞄篮点离篮圈的距离高且远；若碰板角度大、距离近，则瞄篮点距离篮圈的距离低且近。

3. 出手动作

投篮时球最后出手的动作，是投篮准确命中的关键，直接影响着投篮的方向、力量、弧度和旋转。出手动作包括正确的投篮手法和全身的协调用力。投篮时全身协调用力要有一定的顺序，整个动作要协调连贯，轻松柔和，掌握好节奏。通常投篮距离越近，身体其他部分用力越小，多以手腕和手指用力为主；投篮距离越远，身体协调用力越大，对手腕和手指调节力量的能力也要求越高。

4. 球的飞行弧线

球的飞行弧线也称为抛物线，是指球出手后在空中飞行的弧度。一般分为高、中、低三种抛物线。（图1-143）

① 高弧线：这是指球飞行的路线接近于垂直，篮圈暴露在球下面的面积最大，故容易投中。但是这种球飞行的弧线太长，若要在较远的距离投篮，用力就必须很大，这就不易掌握飞行方向，从而降低了命中率。

② 低弧线：这是指球飞行的路线接近篮圈的水平面，篮圈暴露在球下面的面积很小，球易碰篮圈前沿或砸篮圈后沿而弹出，故也不易投中。

③ 中弧线：这种弧线球飞行的最高点接近篮板上沿，球篮的大部分暴

露在球的下面，故容易投篮命中，是一种比较适宜的抛物线，命中率相对较高。

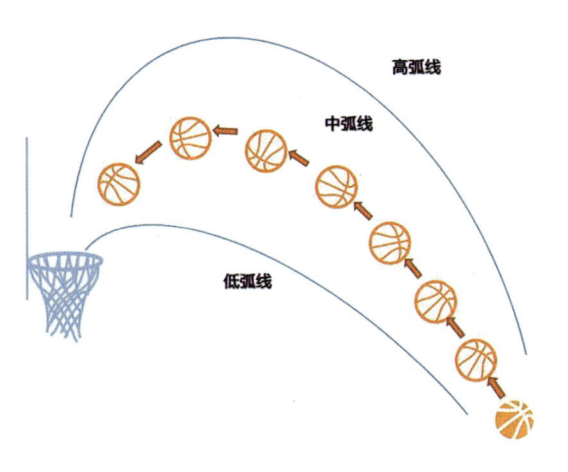

图 1-143

5. 球的旋转

球的正确旋转是决定投篮准确性的重要因素之一。一般来说投出的球在空中飞行保持匀速后旋，使球沿正确的方向飞行，是投篮准确性的重要前提。匀速地向后旋转，一方面可使球稳定飞行；另一方面球下落触及物体后能减缓反弹力，增加球入篮的可能性。球正确的旋转取决于出手时手腕、手指的柔和用力。（图 1-144）

图 1-144

（二）行进间单手低手投篮

行进间单手低手投篮在快速移动中具有出球稳定性好、出手速度快、伸展距离远的特点，我们常将其用于快攻和强行突破。（图1-145）

图 1-145

【动作方法】（以右手投篮为例）双手持球于胸腹之间，右脚向前跨出一大步，随之左脚再向前跨出一小步，脚跟先着地向前脚掌过渡，并用力蹬地起跳。同时右膝屈膝上提带动身体向上腾起，双手将球上举。左手离球，右手外旋掌心向上托球，并充分向篮筐上方伸展（挺肘），当身体腾空接近最高点时屈腕，通过食指、中指指端用力拨球将球投出。投篮出手后，双腿同时屈膝缓冲落地。（图1-146至图1-149）

【动作要领】双手托球，跨步上篮，面向篮筐伸臂，当处于腾身最高位时屈腕拨球将球投出。

【动作重点】一步大，二步小，三步高跳。身体充分伸展，托球稳定，屈腕拨球柔和，双腿屈膝同时前脚掌着地。

【动作难点】步伐节奏，控制第二步的步幅距离，起跳时控制身体平

第一章 篮球基本技术

衡，保持空中动作协调稳定。

图 1-146

图 1-147

图 1-148

图 1-149

【易犯错误】步伐错误，不协调；一步跨不远，三步跳不高或跳起向前冲；球出手未过肩，指腕用力不柔和，形成抛球；弱侧手动作变形或不熟练。

【纠正方法】强调高重心的危害和低重心的意义，加强突破意识的培

85

养，养成在球场上屈膝降重心、抬头观察的习惯。注意动作要领，领做正确示范。

练习者可采用原地及行进间慢速的动作体会练习；采用听或看信号的方式，进行无球或有球的跨步、起跳、伸臂托球、手腕上挑的分解练习；采用自抛球，进行跨步接球起跳上篮练习；在篮筐下画出相应步幅距离大小的标准线，进行在上篮时的出手前、落地后，脚步都踏在相应方格内的投篮练习；通过限制标志物（横绳或体操棒）来提高出手角度和护球的练习；应加强弱侧手的练习。

（三）行进间单手高手投篮

行进间单手高手投篮在快速移动中具有出手点高，有利于护球的特点。我们常将其用在快速移动，切入篮下后打板投篮时。（图1-150）

图1-150

【动作方法】（以右手投篮为例）双手持球于胸腹之间，右脚向前跨出一大步，随之左脚前跨出一小步，脚跟先着地向前脚掌过渡，并用力蹬地起跳。同时右膝屈膝上提带动身体向上腾起，双手将球上举。当身体腾空接近最高点时，左手护球，右臂向前上抬肘伸臂，手腕前屈，食指、中指指端用力拨球将球投出。投篮出手后，双腿同时屈膝缓冲落地。（图 1–151 至图 1–154）

图 1–151

图 1–152

图 1–153

图 1–154

【动作要领】双手托球，跨步上篮，面向篮筐举球，当处于腾身最高位时屈腕拨球将球投出。

【动作重点】一步大，二步小，三步高跳。身体充分伸展，举球伸臂，屈腕拨球柔和，双腿屈膝同时前脚掌着地。

【动作难点】步伐节奏，控制第二步的步幅距离，起跳时控制身体平衡，保持空中动作协调稳定。

【易犯错误】步伐错误，不协调；一步跨不远，三步跳不高或跳起向前冲；单手高手出球时，不拨腕，用手臂力量送球，造成力量过大，球弧度低，出手球僵硬，不柔和；弱侧手动作变形或不熟练。

【纠正方法】强调高重心的危害和低重心的意义，养成在球场上屈膝降重心、抬头观察的习惯，加强突破意识的培养。注意动作要领，领做正确示范。

练习者可采用原地及行进间慢速的动作体会练习；采用听或看信号的方式，进行无球或有球的跨步、起跳举球、抬肘伸臂、屈腕拨球的分解练习；采用自抛球，进行跨步接球起跳上篮练习；在篮筐下画出相应步幅距离大小的标准线，进行在上篮时的出手前、落地后，脚步都踏在相应方格内的投篮练习；通过限制标志物（横绳或体操棒）来提高出手角度和护球练习；应加强弱侧手的练习。

四、学练建议

① 明确投篮技术在篮球比赛中的重要地位与作用，了解正确的投篮技术的动作方法和动作关键，形成正确的动力定型，特别在初学阶段，要及时发现并纠正错误，形成正确规范的投篮动作。

② 投篮技术教学可采用动作分解与完整的先无球后有球、先原地再行进间的练习方法。先分别练习无球的上下肢动作、原地的投篮技术，再练习行进间投篮的完整动作，最后在模拟实战中进行各种投篮技术的组合练习。

③ 注意将投篮技术和其他技术相结合，形成趋近于实战的各种相关组

合球性练习。如与脚步动作、传球、运球等技术结合练习，来提高实际运用的能力。强调投篮技术练习的密度和强度，加强对心理素质的训练，提高投篮命中率。

④ 加强突破与投篮技术的攻防练习。注意将投篮技术与战术意识相结合，掌握好投篮的时机，提高投篮的效率并使投篮技术的运用具有合理性。

五、综合练习

1. 接球上篮练习

两人一组，持一球。练习时，练习者②传球给练习者①后，向篮筐弧线跑动，接练习者①的回传球完成上篮。依次循环交替进行练习。（图1-155）

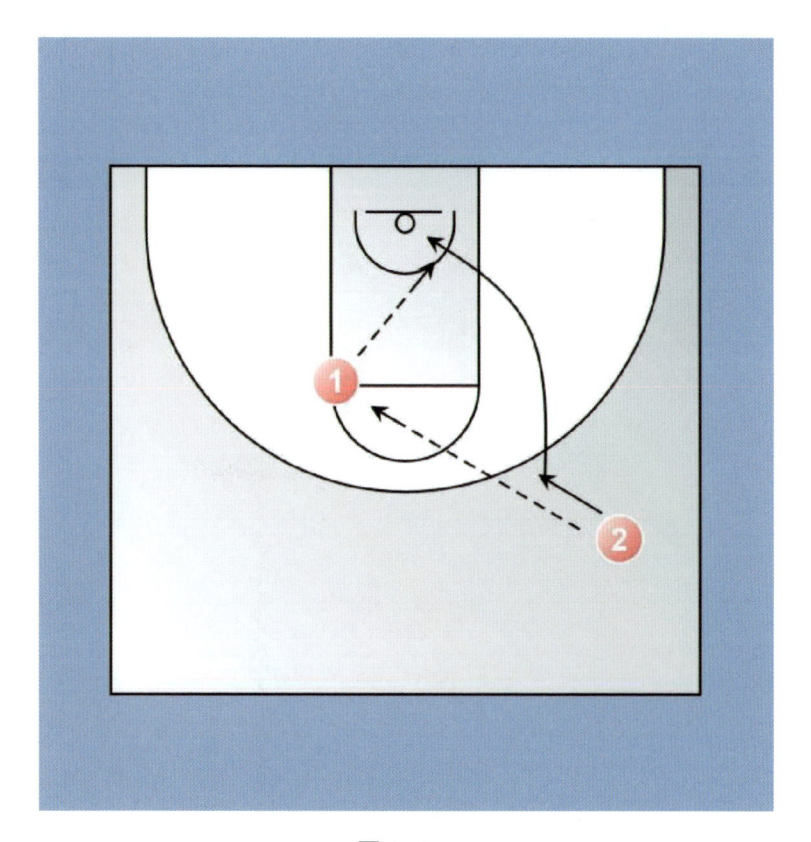

图 1-155

2.穿梭移动接球投篮

分成两组,使用三个球,一组站在底线侧边,另一组站在弧线45°角处。练习时,一组练习者④持球。另一组练习者①②各持一球。练习者①自投自抢篮板球,迅速传给对面的练习者⑤并到练习者⑤队尾排队。同时,练习者④自投自抢篮板球传给对面的练习者③,到练习者③队尾排队,接着练习者②投篮以相同方式进行。依次循环交替进行练习。(图1-156)

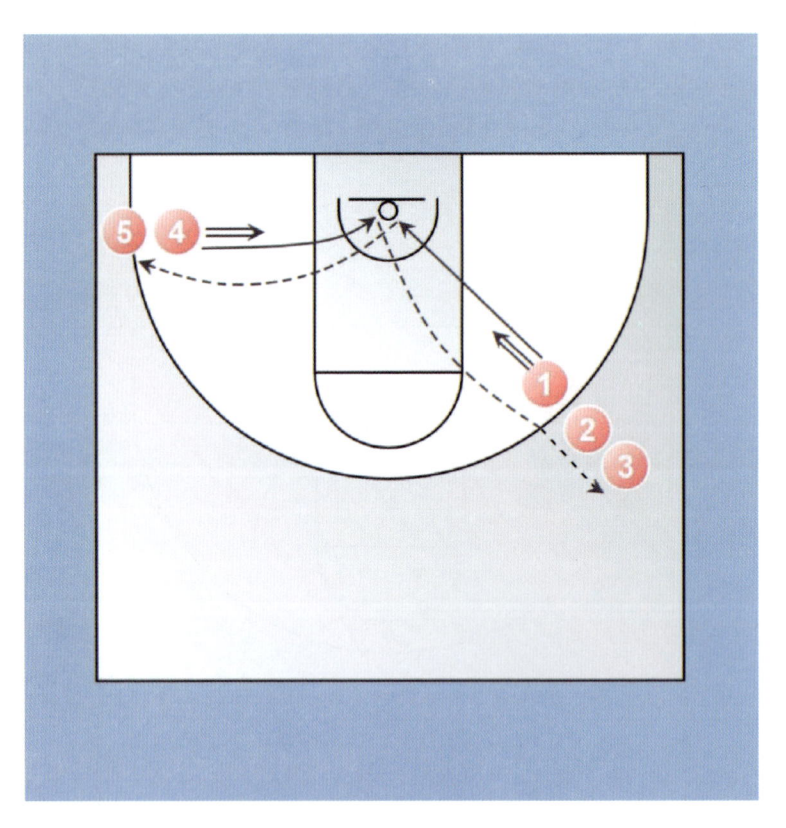

图1-156

3. 全场运球投篮练习

六人分两组，持两球，分别站在两边底线。练习时，练习者②从底线0°角出发，短距离跑动后接练习者①的传球，接球后加速运球至对侧半场上篮。上篮后在底线外排队等待。练习者①传球后到练习者②的位置等待，练习者③在篮下位置等待。练习者④、练习者⑤与练习者⑥在对侧半场同时进行练习。依次循环交替进行练习。（图1-157）

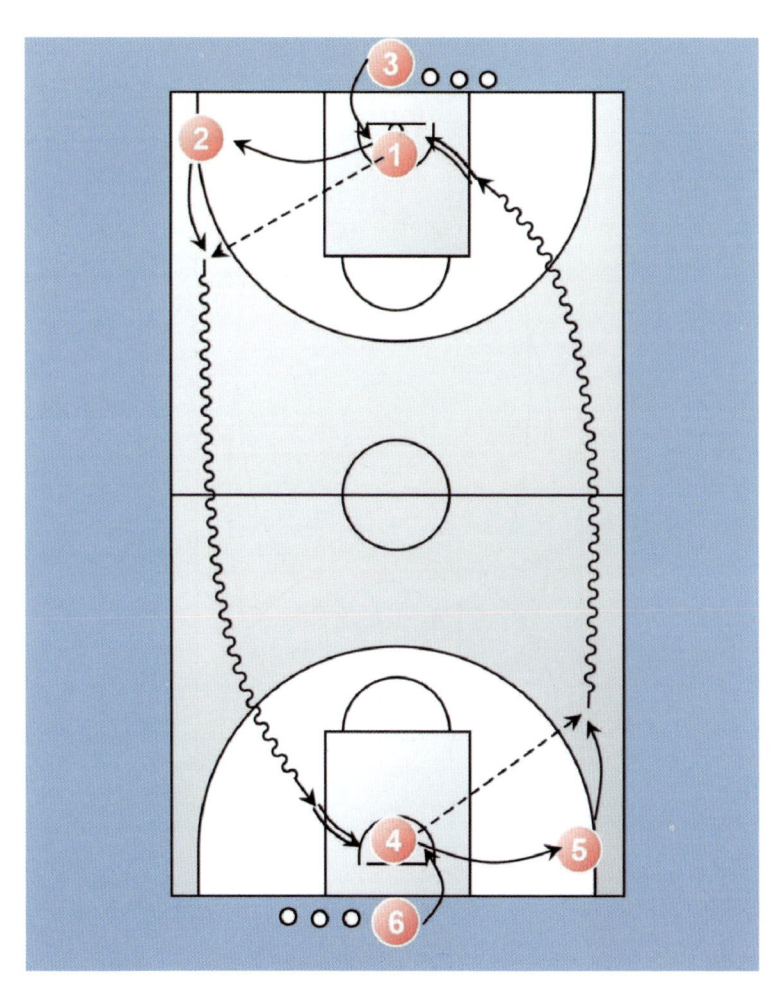

图 1-157

4. 全场连续快跑接球投篮练习

八人分两组，持两球，分别站在三分区域内，呈"口"字形。练习时，练习者①②、练习者⑤⑥各持一球，分别传给练习者③④、练习者⑦⑧投篮；练习者③④、练习者⑦⑧投篮后自抢篮板球，并准备传球；练习者①②、练习者⑤⑥传球后分别快速跑向对面半场接练习者⑦⑧、练习者③④传球后投篮。依次循环交替进行练习。（图 1-158）

图 1-158

思考题

1. 在比赛中，合理运用投篮技术能发挥怎样的作用？举例说明。
2. 在应用投篮技术时，应注意哪些问题？举例说明。

第五节　持球突破技术

一、概述

持球突破技术是攻击性较强，通过运用脚步动作和运球技术快速超越对手的动作方法的总称。持球突破技术不仅能创造良好的个人进攻机会，而且能够造成对方犯规，打乱对方的防守部署。若能巧妙地与投篮、传球、假动作有机地结合起来，能使进攻战术更加灵活机动。

二、技术分类

持球突破技术分为交叉步持球突破和同侧步持球突破。（图1-159）

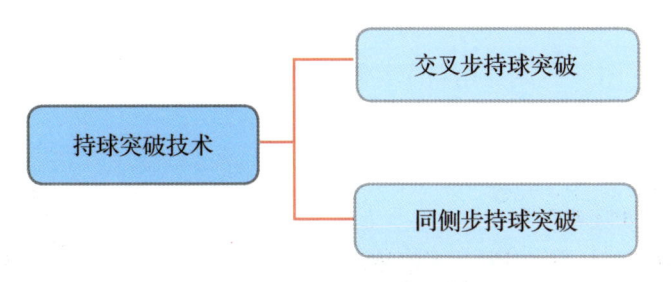

图1-159　持球突破技术分类图

三、技术动作方法与应用

（一）交叉步持球突破

交叉步持球突破具有易于保护球、不易走步违例的特点。我们常在与防守者距离较近，或利用假动作诱使其防守位置发生变化，突破防守时，使用此法。（图1-160）

图 1-160

【动作方法】（以向右突破为例）突破前两脚左右开立，两膝微屈，重心在两脚之间，持球于胸腹之间。突破时，左脚前脚掌内侧用力蹬地，上体迅速右转前倾，左肩下压，重心向右前方移动。同时，左脚向右侧前方跨出，将球引至右侧并用右手运球，左手积极护球，随之右脚用力蹬地，加速运球突破防守。（图 1-161 至图 1-162）

图 1-161（a）　　　　　　　　图 1-161（b）

第一章　篮球基本技术

图 1-162（a）　　　　　　　　图 1-162（b）

【动作要领】蹬跨有力；转体探肩；推放球；加速运球；积极护球。

【动作重点】积极蹬地，起动突然，转体探肩与跨步相连，中枢脚离地之前推按球离手，非运球手积极护球，跨步脚尖指向突破方向，利用跨步抢位及非运球手保护球。

【动作难点】合理推放球的位置，动作连贯，能够迅速衔接下一个动作。

【易犯错误】放球晚，中枢脚离地走步；中枢脚不稳或身体重心过高，蹬跨无力；转体过大或未侧身探肩，远离防守；低头运球，推按球落点不对，未护球。

【纠正方法】强调高重心的危害和低重心的意义，加强突破意识的培养，养成在球场上屈膝降重心、抬头观察的习惯。注意动作要领，领做正确示范。

练习者可采用原地及行进间慢速的动作体会练习；采用听或看信号的方式，进行无球或有球的蹬跨、转体探肩、推按球的分解练习；原地持球，进行向左、右跨步练习；向前上方自抛球后迅速移动，用单手或双手接球急停，进行交叉步突破练习；采用标志线限制或在有防守的情况下，进行

交叉步突破练习。

（二）同侧步持球突破

同侧步持球突破具有起动突然的特点。在对手紧贴防守过程中，我们常将其与急停、跨步动作结合运用，用于突破对手。（图1-163）

图1-163

【动作方法】（以向右突破为例）两脚左右开立，两膝微屈，重心在两脚之间，持球于胸腹之间。突破时，右脚向右前方跨一大步，上体迅速右转前倾，左肩下压，重心向右前方移动。同时，右手放球于右脚侧前方，左手积极护球，随之左脚迅速蹬地并向右前方跨出，加速运球突破防守。（图1-164至图1-167）

【动作要领】蹬跨有力；转体探肩；推放球；加速运球；积极护球。

【动作重点】起动要突然，跨步、运球要快速，转体探肩与跨步相连，中枢脚离地前球要离手，利用跨步抢位保护球，迅速跨步抢位，非运球手积极护球，加速运球突破防守。

【动作难点】合理的推放球位置；跨步、侧肩、蹬地、推放球动作连

96

贯迅速，能够迅速衔接下一个动作。

图 1-164

图 1-165

图 1-166

图 1-167

【易犯错误】放球晚，中枢脚离地走步；中枢脚不稳或身体重心过高，蹬跨无力；转体过大或未侧身探肩，远离防守；低头运球，推按球落点不对，未护球。

【纠正方法】强调高重心的危害和低重心的意义，加强突破意识的培养，养成在球场上屈膝降重心、抬头观察的习惯。注意动作要领，领做正确示范。

练习者可采用原地及行进间慢速的动作体会练习；采用听或看信号的方式，进行无球或有球的抄球蹬地、转体探肩、跨步抢位、推按球的分解练习；原地持球，进行向左、向右跨步练习；向前上方自抛球后，迅速移动，用单手或双手接球急停，进行同侧步突破练习；采用标志线限制或在有防守的情况下，进行同侧步突破练习。

四、学练建议

① 明确持球突破技术在篮球比赛中的地位与作用，明晰动作结构特点，强调各技术环节间的相互联系及竞赛规则对持球移动的限制。加强突破意识的培养。

② 持球突破技术教学，可采用动作分解与完整的先原地后行进间的练习方法。先分别以无球的上下肢动作、原地的持球突破技术练习，再练习行进间持球突破的完整动作，最后在模拟实战中进行各种持球突破技术的组合练习。

③ 持球突破技术和其他技术相结合，形成趋近于实战的各种相关组合球性练习。如持球突破技术和投篮技术相结合。强调持球突破技术的细节，特别是相关移动技术的辅助练习，使持球突破技术更具侵略性、有效性。

④ 加强持球突破技术的对抗练习。注意相关战术意识的培养（例如突破分球等），掌握好持球突破技术运用的时机，并更好地及时变换和衔接下一个动作。

五、综合练习

1. 持球突破上篮练习

练习者持球，位于三分线外 45°角。练习时，练习者①做原地交叉步或同侧步持球突破后运球上篮。投篮后，自抢篮板球运球返回至出发点。左右两侧依次循环交替进行练习。（图 1-168）

图 1-168

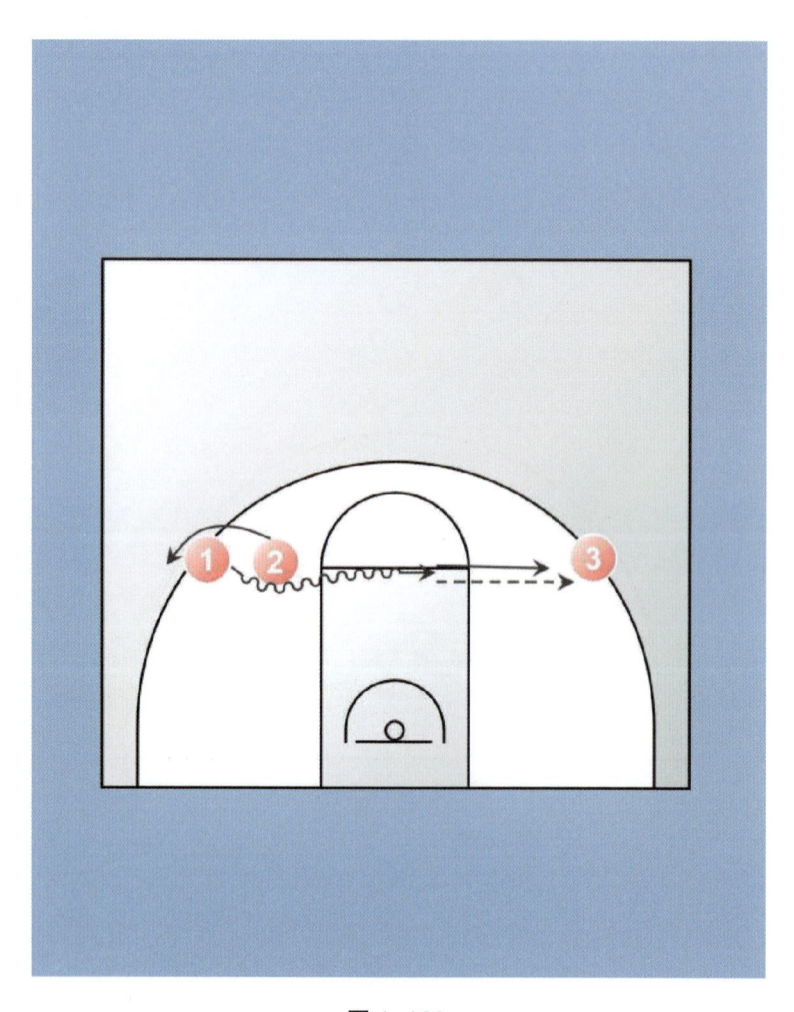

2. 假动作接持球突破上篮

三人一组，持一球。练习时，练习者①持球运用投篮、突破等假动作吸引防守，然后做同侧步或交叉步突破练习者②，向前运球传给练习者③，并立即防守练习者③，练习者③接球后用相同的技术动作突破练习者①，向前运球传给练习者②并防守练习者②。三人轮换攻防，依次循环交替进行练习。（图 1-169）

图 1-169

3.急停接持球突破上篮

两人，持一球。练习时，练习者①传球给练习者②后，跑向练习者②急停接球，根据练习者②的防守位置，做交叉步或同侧步持球突破上篮，自抢篮板球后运球返回。依次循环交替进行练习。（图1-170）

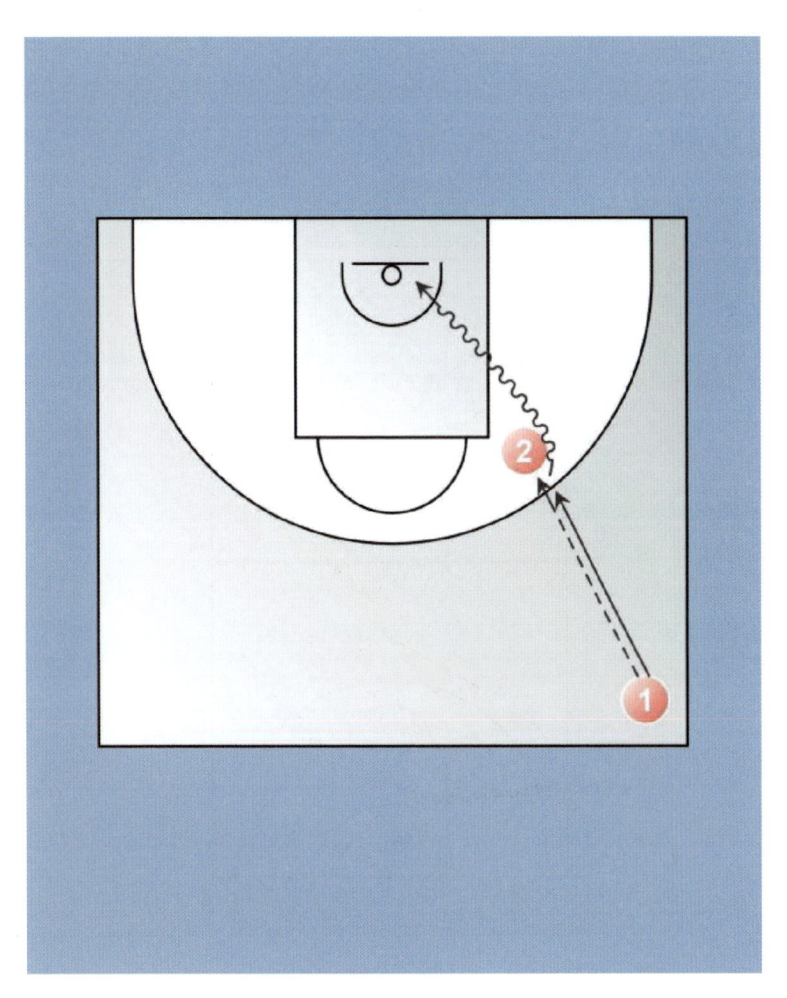

图1-170

4. 半场运球突破与持球突破的结合练习

四人分两组，每组持一球，分别站在场地两边底线0°角位置。练习时，练习者①依次向前做变向运球，传球给练习者②，接练习者②的回传球，在障碍物前做交叉步或同侧步持球突破上篮。练习者①上篮后，自抢篮板球返回对面底线；同时，对侧练习者③依次向前做变向运球，传球给练习者④，接练习者④的回传球在障碍物前做交叉步或同侧步持球突破上篮。依次循环交替进行练习。（图1-171）

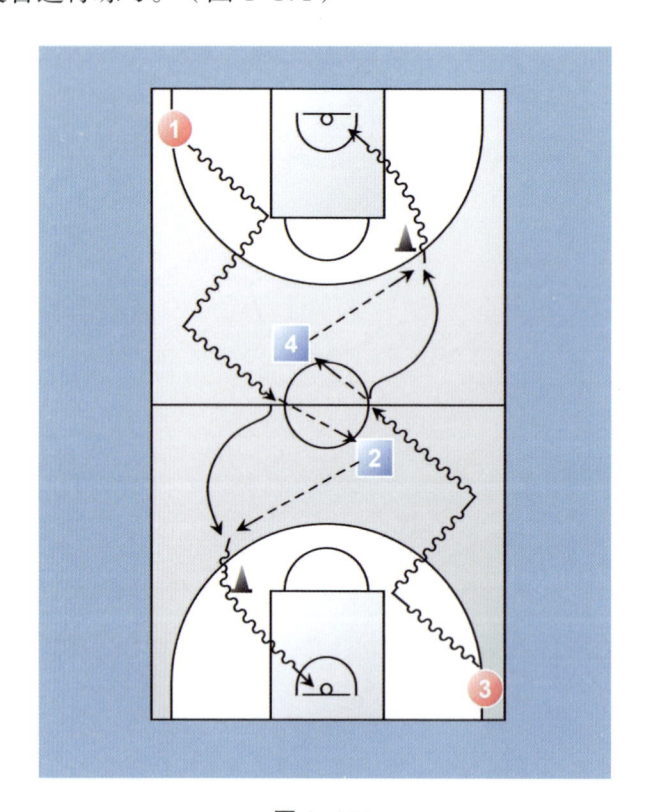

图 1-171

思考题

1. 在比赛中，合理运用运球突破技术能发挥怎样的作用？举例说明。
2. 在应用运球突破技术时，应注意哪些问题？举例说明。

第六节　篮板球技术

一、概述

篮板球技术是比赛中双方在空间争抢投篮未中球的动作方法的总称。进攻方争抢投篮未中的球，称为抢进攻篮板球；防守方争抢未投中的球，称为抢防守篮板球。在比赛中，抢得篮板球是获得控球权的重要手段，是攻守转换和比赛取胜的关键，也是衡量个人和团队整体实力的标志。

二、技术分类

篮板球技术分为防守篮板球和进攻篮板球。（图1–172）

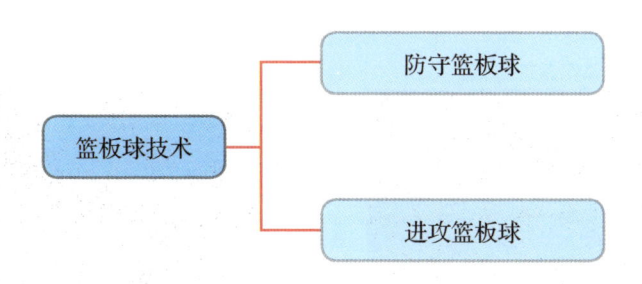

图1–172　篮板球技术分类图

三、技术动作方法与应用

（一）防守篮板球

防守篮板球须明确拼抢防守篮板球的意识，充分利用自身靠近篮筐及内侧的有利条件，及时抢占有利位置，抢得球后及时迅速地完成第一传。防守篮板球应合理运用移动和转身动作挡住对手向篮下冲跑的路线，养成"先挡人，再抢球"的习惯。（图1–173）

【动作方法】保持进攻准备姿势，两膝微屈，上体稍前倾，重心落在两脚之间，两臂屈肘侧张，以占据较大的面积。当进攻者投篮出手后，注意其动向，并根据与进攻者的位置，运用上步、撤步和转身抢占有利位置，把进攻者挡在身后，同时判断球的落点准备起跳。起跳时，前脚掌用力蹬地，向上摆臂并提腰，手向球的落点方向伸展，跳至最高点触到球时，用双手将球握住，腰腹用力，迅速屈臂将球持于胸前，落地时保持身体平衡。（图 1–174 至图 1–179）

图 1–173

图 1–174

图 1–175

第一章　篮球基本技术

图 1-176

图 1-177

图 1-178

图 1-179

105

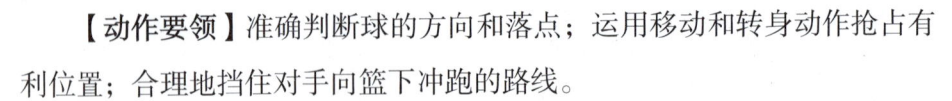

【动作要领】准确判断球的方向和落点；运用移动和转身动作抢占有利位置；合理地挡住对手向篮下冲跑的路线。

【动作重点】运用移动和转身动作抢占有利位置。

【动作难点】抢位的时机，以及先挡后抢的抢篮板球习惯。

【易犯错误】对球反弹方向与球落点判断不准；只顾球不顾人，忽略挡人抢占有利位置；起跳不及时；抢到球后无护球，易被人打掉或抢走。

【纠正方法】明确挡人抢位与抢球相辅相成、缺一不可的意义，以及保护好球的重要性和抢篮板球的最终目的。强调高重心的危害和低重心的意义，加强积极争抢篮板球的意识培养。养成在球场上屈膝降重心、抬头观察对方后卫位置及同伴快下情况的习惯，注意动作要领，领做正确示范。

练习者可采用原地及行进间慢速的动作体会练习；采用听或看信号的方式，进行无球或有球的移动、抢位、挡人、起跳的技术动作的分解练习；一攻一防，站位分布在罚球线圆圈的周围，球放在罚球线中间，当听或看到抢球的信号后进行抢球，防守者要运用脚步动作把进攻者挡在身后；自抛自抢后，两名同伴上前围抢，要求练习者获得篮板球后运用把球举高等方法，进行闪躲护球练习。

（二）进攻篮板球

进攻篮板球须根据球的落点判断时机，常采用直切、假动作切入、转身切入和后退切入的方法绕步冲阻，及时起跳，争取球权。养成左投右抢、右投左抢、外投里抢、里投外抢（外线向篮下冲抢）和自己跟进冲抢的习惯。（图1-180）

【动作方法】判断球的反弹方向，然后向相反方向的侧前方跨出，利用虚晃动作（或快速跑）摆脱身前防守者的阻截，将其胯部挤到防守者的面前或侧前面，抢占有利位置，并保持防守准备姿势，两膝较深弯曲，上

第一章　篮球基本技术

体微向前倾，两臂自然弯曲向身体两侧伸展以增大防守面积。起跳时，前脚掌用力蹬地，向上摆臂并提腰，手向球的落点方向伸展，跳至最高点触到球时，用双手将球握住，腰腹用力，迅速屈臂将球持于胸腹之间，两肘外展，落地时保持身体平衡。（图1-181至图1-186）

【动作要领】准确判断球的落点，迂回移动抢占有利位置，强行抢位和直接冲抢，抢球猛狠。

【动作重点】准确判断球的反弹方向，跨步突然，绕步迅速抢占有利位置，握球两肘外展，落地重心平稳。

图1-180

【动作难点】手脚协调配合，积极冲抢。

【易犯错误】没有冲抢意识；对球反弹方向与球落点判断不准；只顾球不挡人或只顾抢位挡人而不顾球，不会抢占有利位置；抢到球后无护球，易被人打掉或抢走。

【纠正方法】明确正面技术挡人抢位与抢球相辅相成、缺一不可的意义，以及保护好球的重要性和抢篮板球的最终目的。强调高重心的危害和低重心的意义，加强积极抢位抢球，进行合理的身体对抗意识培养，养成在球场上屈膝降重心、抬头观察的习惯。注意动作要领，领做正确示范。

练习者可采用原地及行进间慢速的动作体会练习；采用自抛自抢的方式，进行空中练习；投篮后向球的方向快速移动，采用一攻一守的方式，进行抢位和选位练习；采用将进攻篮板球与二次进攻相结合的练习，培养练习者二次进攻意识，中锋可采用进攻篮板球与补篮相结合的练习。

图1-181

图1-182

图1-183

图1-184

第一章　篮球基本技术

图 1-185

图 1-186

抢篮板球技术是一项较为复杂的技术，抢防守和进攻篮板球在具体方法上有不同，但都由抢位、起跳、抢球和得球后的动作组成。因此，抢篮板球要准确判断时间，先挡后抢或绕步冲阻，及时起跳。抢球后根据情况再进行投篮、传球或运球。

1. 抢位

准确判断，快速起动抢占有利位置是抢篮板球技术的关键。无论抢进攻篮板球还是抢防守篮板球都应尽可能抢占对手与球篮之间的有利位置，力争把对手挡在身后。应根据对手和投篮者所处的位置，正确判断篮板球的反弹方向、距离，通过快速的脚步动作，抢占有利位置。与此同时，一定要考虑球的反弹规律。投篮不中时球反弹落点的一般规律为：中远距离投篮时，球弹出的距离较远；篮下投篮时，球弹出的距离较近。在球篮一侧45°角进行投篮时，一般球弹出的方向是另一侧45°角区域或是反弹

109

回同侧区域；在正对球篮区投篮时，反弹出的方向是在罚球线附近地区；在底线 0° 角投篮时，一般球弹出的方向是在球篮的另一侧区域或同侧区域。（图 1-187）

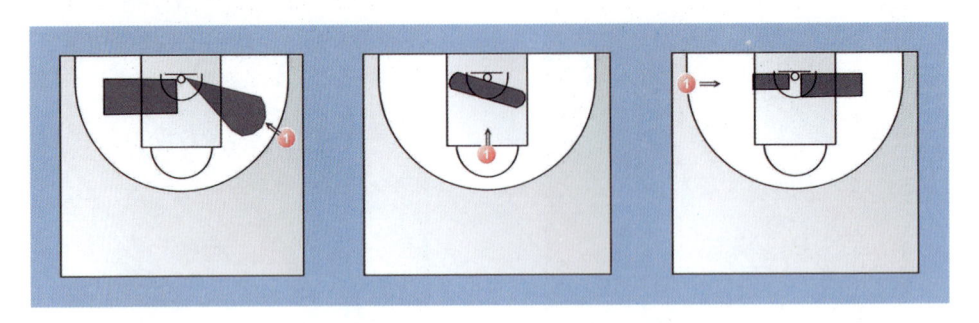

图 1-187

2. 起跳

起跳动作是紧随抢位后进行的一个连续动作。起跳不仅要求在起跳腾空后，身体能够达到一定的高度，而且要根据球的反弹高度、方向和落点，采取不同的起跳方式，使抢球手有利于在空中接近球。即抢防守篮板球一般采用原地上步、撤步或跨步的双脚起跳方法；抢进攻篮板球一般采用助跑单脚起跳或跨一两步双脚起跳的方法争抢篮板球。

3. 空中抢球动作

根据比赛时场上对手所处的位置、球反弹的方向、高度，以及个人的特点，空中抢球动作可分为双手抢篮板球、单手抢篮板球和点拨球三种。

①双手抢篮板球：起跳后身体在空中充分伸展，尽量扩大制空范围，两臂同时伸向球的落点方向，当手指触到球时，立即用双手将球握住，腰腹用力，迅速屈臂将球持于胸前。其优点为空间占据面积较大，缺点为抢球的制高点和抢球的范围不及单手抢篮板球。

②单手抢篮板球：起跳后身体向球方向的一侧手臂，充分向球的落点方向伸展。当最高点指端触及球时，用力屈腕、指，迅速抓握球，随之屈臂抢球于胸前，另一只手迅速扶球，将球握住。其优点是触球点高，在空

中抢球的范围较大，缺点为不如双手抢篮板球牢固。

③点拨球：点拨球技术与单手抢篮板球相似，只是运用手指将球点拨给同伴。当遇到对手身材比较高大或自己处于不利位置时，采用这种方法较为有效；有时为了加快反击速度，可利用点拨球进行第一传发动快攻。其优点为可缩短传球时间，缺点为较难与同伴配合。

4. 得球后动作

抢得篮板球后，可在空中直接补篮或空中传球给有利位置上的同伴发动攻击，提高进攻速度；如没有机会做补篮或空中传球，落地时应两膝弯曲，两肘外展，护球于胸腹间。身材高大的球员可将球置于头上，以便于保护球和迅速与其他进攻动作衔接。

四、学练建议

① 首先明确抢篮板球技术在篮球比赛中的重要地位与作用，培养积极争抢篮板球的意识。

② 抢篮板球技术教学可采用先分解再完整的练习方法。先练原地起跳、空中抢球、获球落地动作，再练移动挡人抢位或冲抢、起跳空中抢球、获球落地的完整动作，最后在模拟实战中进行抢篮板球的练习。

③ 注意抢篮板球技术和其他技术相结合，形成趋近于实战的各种相关组合球性练习。如抢防守篮板球和一传、运球突破技术相结合；抢进攻篮板球和补篮或二次进攻相结合的训练。

④ 加强抢篮板球的对抗练习。抢防守篮板球强调先挡人后抢球，抢进攻篮板球强调先占据有利位置再抢球。

五、综合练习

1. 两人攻防练习

两人一组，一攻一守。开始时，练习者④持球将球向篮筐投篮碰板，攻守双方拼抢篮板球。两人循环交替进行练习之后，再进行多人多组，同时拼抢篮板球的练习。（图1-188）

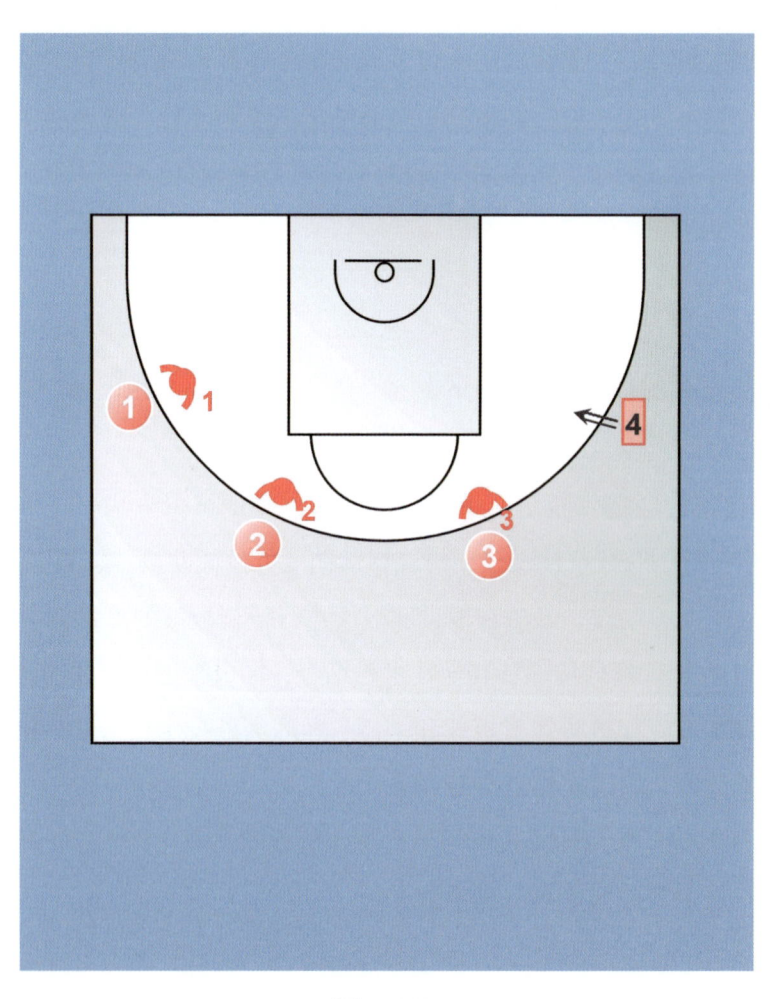

图1-188

2.抢后场篮板球练习

两人一组,练习者③持一球。练习时,练习者③做瞄篮和突破假动作投篮,练习者①②在限制区内做相应的滑步防守动作;练习者③投篮后,练习者①②立即转身抢篮板球,抢到球的练习者传球给练习者③,然后分别跑到对组的排尾。依次循环交替进行练习。(图1-189)

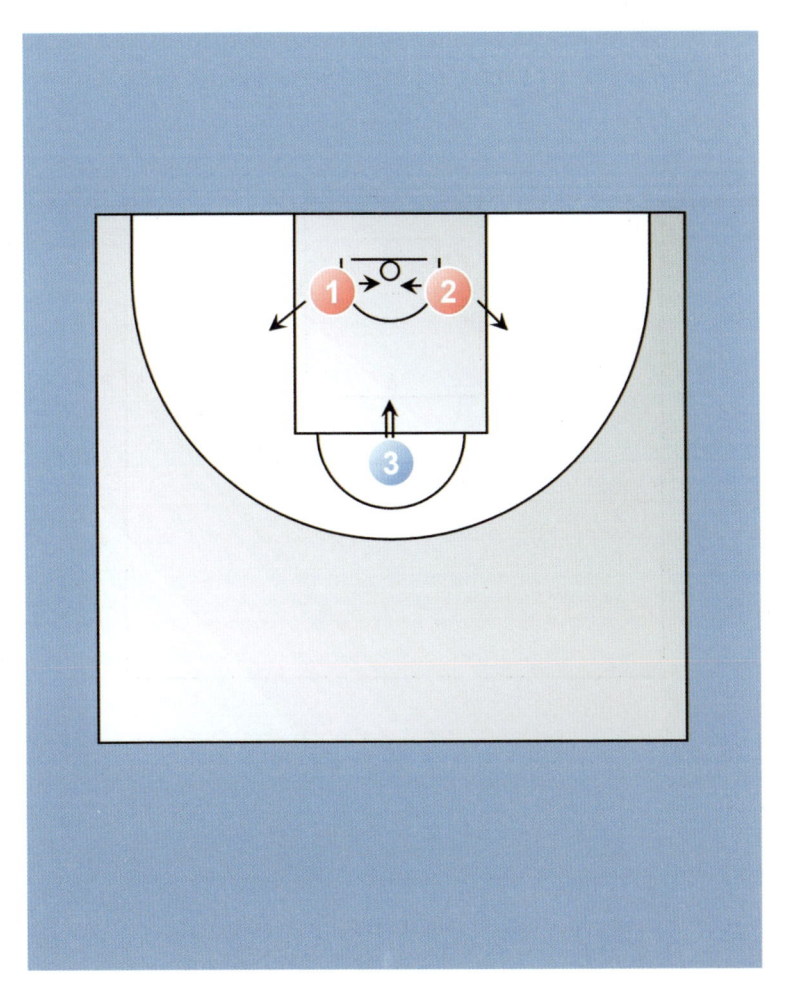

图1-189

3. 抢前场篮板球练习

三人一组，持一球，分别在篮下两侧设置两个障碍物。练习时，练习者③投篮，练习者①②面向球篮，各自站于障碍后。当练习者③投篮后，练习者①②立即用绕前步或转身插到障碍物前抢篮板球，得球后传球给练习者③。依次循环交替进行练习。（图1-190）

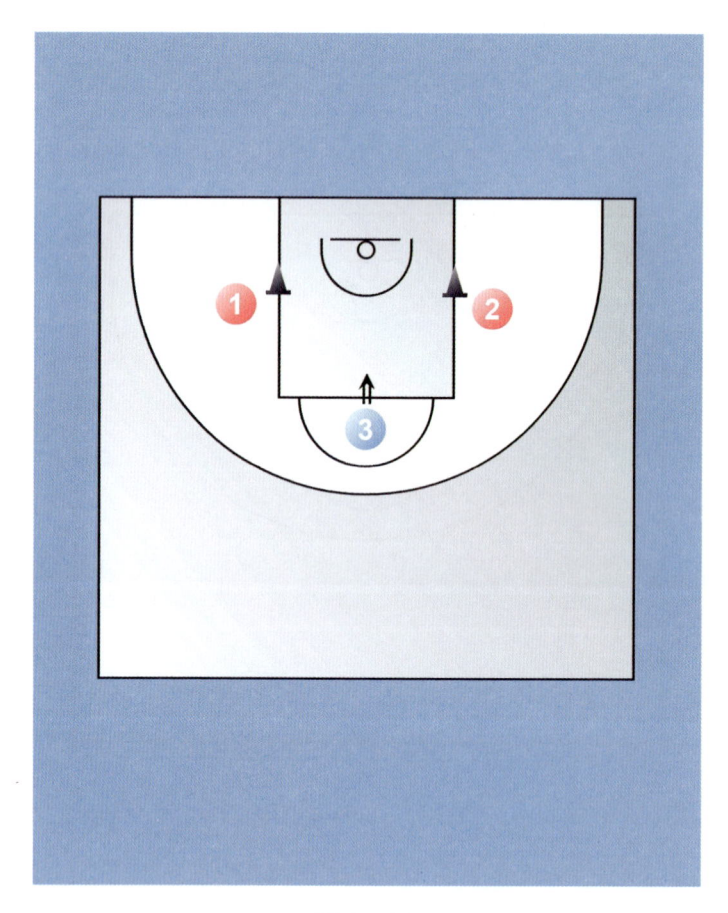

图1-190

思考题

1. 在比赛中，合理运用篮板球技术能发挥怎样的作用？举例说明。
2. 在应用篮板球技术时，应注意哪些问题？举例说明。

第二章　准备活动与放松拉伸

篮球运动是一项具有集体性、复杂性和对抗性的运动项目，在篮球教学、训练及比赛时，采用有效的热身准备活动，坚持进行有针对性的放松拉伸，是防止运动损伤、提高运动成绩的重要环节。准备活动能够帮助运动参与者将自身力量、速度、灵敏等优势有效地发挥到篮球运动中；放松拉伸能够帮助运动参与者放松肌肉，加速身体的自我恢复，更少地受到伤病的困扰。

本章主要介绍准备活动与放松拉伸两部分内容，主要为防止运动损伤，减轻伤病带来的影响，更快更好地进行篮球教学、训练与比赛。

第一节　准备活动

篮球运动中的技术动作以高强度拉长及缩短周期为动作特性，需要做与专项动作相近的伸展动作。本节主要介绍在篮球教学、训练及比赛前的静态拉伸和动态拉伸，提供具体、实用的练习方法，帮助运动参与者将自身力量、速度、灵敏等优势有效地利用到篮球运动中。

一、静态拉伸

静态拉伸是保持同一个姿势，以缓慢的动作牵拉软组织的拉伸方法。可分为主动性静态拉伸与被动性静态拉伸两类。主动性静态拉伸是练习者依靠保持髋关节肌群的最大延展性从而提高肌肉的柔韧性的一种方法，而被动性静态拉伸则依靠外力达到拉伸的目的。在进行静态拉伸时，可能伴随轻度的不适感，以不产生疼痛、不损害关节结构整体性为基准，每一个动作进行 15～30 秒适宜时间的拉伸。

（一）颈部拉伸

1. 下颌触胸拉伸

【动作方法】双手交叉，放在头后方，双肘指向前方；呼气时，低头，下颌紧收；注意保持背部的直立；在抬头时，放松双手，同时吸气。这个动作可以采用坐式或立式完成。（图2-1、图2-2）

图 2-1 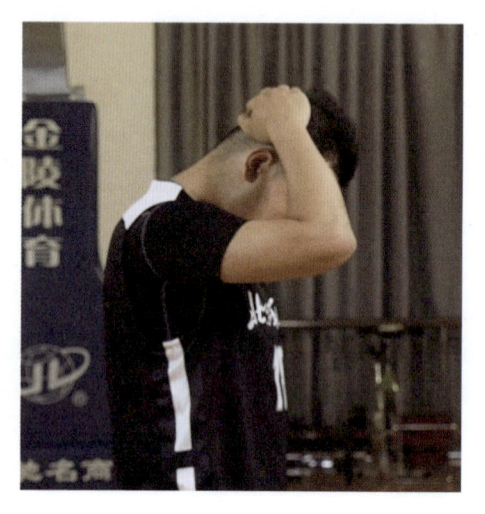　　　　　　　　　　图 2-2

2. 头后屈拉伸

【动作方法】双手合十，用手指抵住下颌；呼气时头向后弯曲，手臂向上顶，获得更大幅度的拉伸；吸气，恢复至初始姿势。该拉伸动作可以采用坐姿，也可以采用站姿。（图2-3、图2-4）

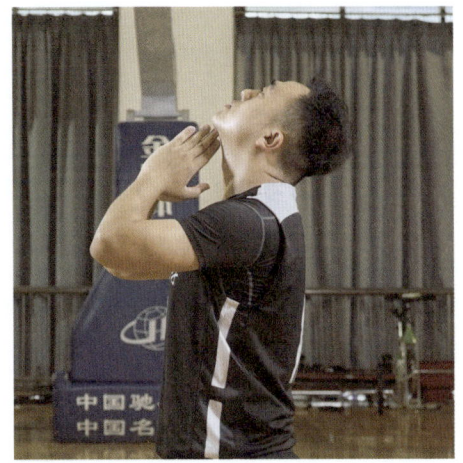

第二章　准备活动与放松拉伸

图 2-3　　　　　　　　图 2-4

3. 侧颈拉伸

【动作方法】左臂于背后弯曲，右手从体后抓住左臂肘关节；呼气，同时右手尽可能地将左肘拉向后背中部，同时将右耳贴向右肩，动作过程中始终保持双肩放松，避免耸肩；吸气，恢复至初始姿势。然后进行对侧练习。该动作对肩部外旋肌也有很好的拉伸作用。（图 2-5、图 2-6）

图 2-5　　　　　　　　图 2-6

117

（二）肩部拉伸

肩部固定拉伸

【动作方法】右臂在胸前向左肩水平伸展，左臂在右臂肘关节处顶住右臂；呼气，同时缓缓向内拉，使右臂向胸靠近，保持最大拉伸幅度一定时间，动作过程中，始终保持身体冲向正前方；吸气放松，恢复至初始姿势。然后进行身体对侧的拉伸练习。（图2-7、图2-8）

图2-7

图2-8

（三）胸部拉伸

双臂卡腰后展拉伸

【动作方法】采用站姿或坐姿都可以，目视前方，双手叉腰，两肘向身体外侧张开，保持上体直立；呼气，同时两肩内收，向后伸展双臂，两臂肘关节尽量向一起靠拢，拉伸至最大幅度，并保持一定时间；吸气放松，恢复至初始姿势。（图2-9、图2-10）

第二章　准备活动与放松拉伸

图 2-9

图 2-10

（四）背部拉伸

背部拉伸可以分为下背部拉伸和上背部拉伸。

1. 下背部拉伸

【动作方法】两腿并拢直立；呼气，同时身体缓慢前屈至上体与地面平行，双手扶双膝，保持背部伸展一定时间；注意坐骨朝上背部舒展；吸气时，低头含胸，慢慢恢复至初始直立姿态。（图 2-11）

图 2-11

119

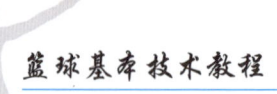

2. 上背部拉伸

【动作方法】坐立姿势，呼气，同时向前弯腰，双手从大腿下方抱腿；在胸部贴向大腿时，双脚伸开，同时保持双膝并拢；在抱紧两腿的前提下，上背部逐渐远离膝关节，感觉到斜方肌逐渐被拉伸。（图2-12）

图2-12

（五）腰腹拉伸

脊柱弯曲拉伸

【动作方法】俯卧姿势，双臂靠近胸部，手指向前，手掌着地；呼气，同时用双臂把身体撑起，在撑起过程中应收紧臀部，保持双脚面紧紧贴地；注意手臂微屈，不要耸肩；抬头看天花板，使颈部肌肉有拉伸的感觉。该动作也可以在健身球上完成，在拉伸的同时又能提高身体平衡能力。（图2-13）

图2-13

（六）髋关节拉伸

弓步拉伸

【动作方法】弓步姿势，前侧大腿与小腿夹角要小于90°，膝盖不超过脚尖；后侧腿的胫骨前肌和膝盖放在地面上，两腿尽可能打开；上体始终保持直立，双手自然扶在前侧腿膝关节上。该动作也可以借助健身球进行练习，将双腿架于球上，以打开髋关节。（图2-14至图2-17）

图2-14

图2-15

图2-16

图2-17

（七）腿部拉伸

1. 大腿拉伸

【动作方法】站立姿势，双腿并拢，双手自然垂于体侧；呼气，同时单腿屈膝向后弯曲小腿，双手从体后抓住弯曲腿脚踝或脚尖；自然呼吸，尽可能将脚跟贴至臀部至最大拉伸幅度并保持一定时间；吸气放松，恢复至初始站姿。在该动作过程中始终保持两腿根部并拢，双膝靠在一起；站立腿可稍微弯曲。该动作对身体平衡能力也有一定的锻炼效果。（图2-18、图2-19）

图2-18　　　　　　　　　　图2-19

2. 小腿拉伸

【动作方法】以俯撑姿势开始,双手向双脚方向后移,臀部抬起,身体呈三角形;两脚交替,脚跟下压,感觉到跟腱和小腿后侧肌肉的拉伸;动作的同时,注意保持一侧腿处于伸直状态;保持坐骨向上,背部伸展。如果柔韧性比较好,这个动作也可以采用双脚脚跟同时下压着地;如果拉伸者柔韧性较差,也可以将双手放在较高的平台上,这样可以降低膝关节下部肌腱的紧张程度。(图2-20)

图2-20

(八)指腕拉伸

1. 胸前合掌拉伸

【动作方法】采取站姿,抬高双肘,掌心相对,双掌合十;呼气,同时双手互相用力推压,感受前臂和腕关节的拉伸;然后双手缓缓向下移动至只有十指相触,掌心分开,感觉到手指被拉伸。(图2-21)

图2-21

2. 翻腕拉伸

【动作方法】 采用站姿，左手于体前翻腕，手臂伸直，右手抓住左手手指后翻，感觉到左前臂和左手腕关节被拉伸；进行对侧手臂的练习。（图 2-22、图 2-23）

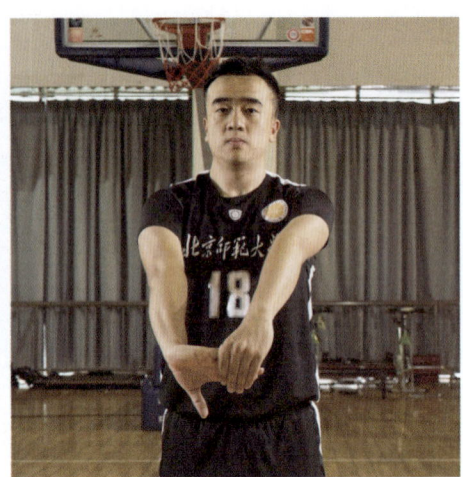

图 2-22　　　　　　　　　　图 2-23

二、动态拉伸

动态拉伸也叫动态伸展，是指运动参与者将身体用力做一些幅度较大的动作，达到拉伸肌肉的目的。其作用不仅能让身体的各个关节和全身肌肉群在短时间内充分活动起来，还可以提高肌肉的温度、心率，让身体进入准备状态，适应剧烈的运动，从而使整个身体中的肌肉提高一定的灵活性，来适应接下来的教学、训练及比赛。在进行动态拉伸前，需要进行简单的全身活动及静态拉伸，通过拉伸韧带能有效防止运动过程中的运动损伤，为运动提供安全保障。

第二章　准备活动与放松拉伸

1. **最伟大拉伸**

【**动作方法**】双脚前后站立呈弓步姿势，膝关节不能超过脚尖；双手自然扶在膝关节上，身体保持平衡；放松后侧支撑腿的股四头肌，保持后侧腿臀大肌在整个动作过程中处于收缩状态；衔接上一个动作，左手撑地，右臂肘关节触地，保持2秒；眼看手的方向外展，牵拉肩部肌群，保持2秒；上肢内收，牵拉背部肌群，保持2秒；前后支撑腿伸直，前支撑腿脚跟撑地，双手触地，前额尽量触及膝关节，保持2秒。（图2-24至图2-31）

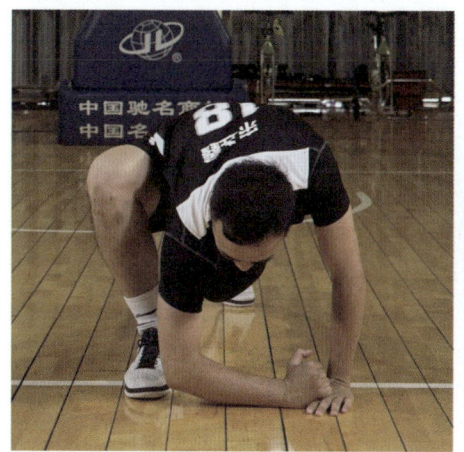

图2-24

图2-25

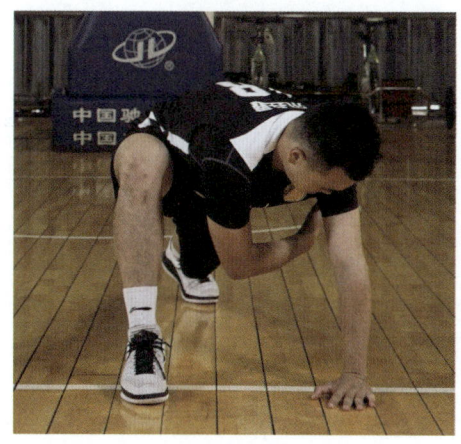

图2-26

图2-27

125

图 2-28 　　　　　　　　　　　　　图 2-29

图 2-30 　　　　　　　　　　　　　图 2-31

2. 手脚走

【动作方法】双脚与肩同宽站立，双手体前点地，双脚保持不动且腿伸直；以手为支点脚向前移至头顶位置，保持稳定后，脚继续向前移至手的位置；且每个动作保持 2 秒。（图 2-32 至图 2-36）

第二章　准备活动与放松拉伸

图 2-32

图 2-33

图 2-34

图 2-35

图 2-36

127

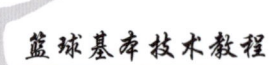

3. 弓步压肩

【动作方法】前腿弓步支撑，后支撑腿的大腿和躯干保持与地面垂直，后腿小腿与地面平行；躯干保持中立位，一只手叉腰，另一侧手臂上举贴于耳部，且手掌内旋；衔接上面动作，保持躯干和大腿垂直地面的姿势，压肩，且保持2秒。（图2-37、图2-38）

图2-37　　　　　　　　　　　　图2-38

4. 蹲外展

【动作方法】双脚与肩同宽（脚的内侧沿踩到肩部的外侧沿）平行站立，双手向上外展；双手体前屈，按住脚尖下蹲，大腿与地面平行，膝关节在脚尖上方，不能超过脚尖，背部保持直立；一只手握住脚尖，另一只手以肩关节为轴做最大限度的外展，且眼看向外展手的位置。完成后交换另一侧完成动作。（图2-39至图2-42）

图 2-39 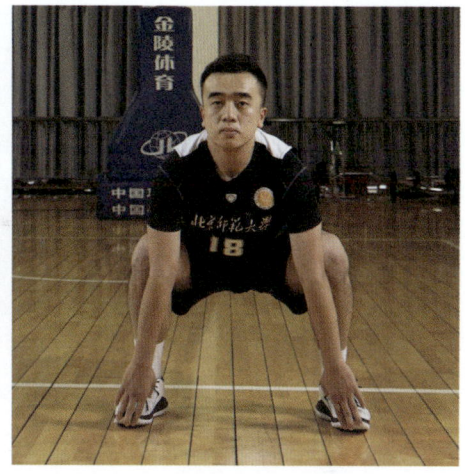　　　　　　　　　　　　图 2-40

图 2-41 　　　　　　　　　　　　图 2-42

5. 燕式平衡

【**动作方法**】单腿站立，上肢侧平举，下肢保持与躯干水平且勾脚尖；身体下压使躯干与地面水平；上肢保持与地面平行的同时保持与躯干垂直，支撑腿微微弯曲，躯干不能外翻，整个躯干与地面平行。（图2-43、图2-44）

图 2-43　　　　　　　　　　　图 2-44

6. 单脚站立内收外展

【动作方法】单腿支撑，身体保持中立位的同时抬腿使大腿与地面平行，手抱住膝关节使其做最大限度的外展，然后内收。两侧连续完成。（图 2-45、图 2-46）

图 2-45　　　　　　　　　　　图 2-46

7. 侧弓步衔接下蹲

【动作方法】侧弓步大腿要与地面保持平行，膝关节不要超过脚尖；躯干保持直立，使臀部肌群牵拉，双手合十，胸前外展；侧弓步完成后，两腿恢复站立姿势。左脚后撤步转体，右脚保持不变，身体向左侧转体。然后使身体旋转成原来姿势，再下蹲，双手下放，左腿膝关节触地，躯干保持与地面垂直。（图2-47至图2-49）

图2-47

图2-48

图2-49

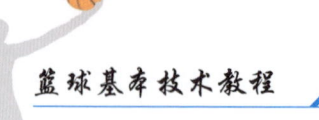

8. 直臂转体下蹲

【动作方法】 两脚前后开立，双手直臂外展，以躯干为中心旋转，随着旋转呈弓步姿势。保持躯干与地面垂直，上肢平行于地面，躯干处于中立位。（图 2-50 至图 2-51）

图 2-50　　　　　　　　　　　　图 2-51

第二节　放松拉伸

放松拉伸是篮球教学、训练及比赛中的重要组成部分，依据不同项目发挥着其独特的教学、训练效能。在国外，放松拉伸早已形成了一套系统、规范的教学、训练及比赛模式，已被广大教师、教练及运动参与者关注和采用。放松拉伸能够使运动参与者长期保持良好的竞技水平，减少运动伤病。同时，放松拉伸对提高运动寿命起到重要的促进作用，为加速恢复性训练提供了最为有效的方法，以达到最终提高运动竞技水平的目的。

一、颈部

坐姿颈部牵拉

【动作方法】在牵拉过程中,躯干处于中立位,使颈部肌群放松。手抱头向前、左、右、后四个方位进行牵拉。每个动作保持 30 秒,且动作持续加强,牵拉过程中保持正常呼吸。(图 2-52 至图 2-55)

图 2-52

图 2-53

图 2-54

图 2-55

二、肩、手臂、手腕

1. 小臂屈肌群

【动作方法】在牵拉过程中，躯干处于中立位，上肢放松；左臂前伸，右手握住左手手指，并向后牵拉，手臂在牵拉过程中保持伸直。动作保持30秒，且动作持续加强，牵拉时保持正常呼吸。（图2-56、图2-57）

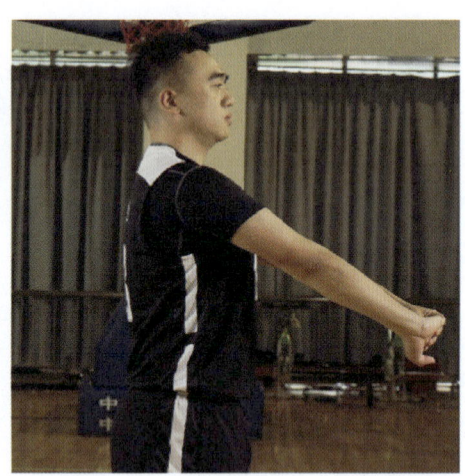

图 2-56　　　　　　　　　　图 2-57

2. 直臂侧面牵拉

【动作方法】躯干处于中立位，左臂伸直后水平内收，右臂置于左臂肘关节处帮助其内收动作的完成，躯干向左侧旋转与右臂对抗。动作保持30秒，且动作持续加强，牵拉时保持正常呼吸。（图2-58、图2-59）

3. 头后屈臂牵拉

【动作方法】躯干处于中立位，左臂弯曲于头后面，右手拉住左臂肘关节向后牵拉，左臂与右手对抗用力。动作保持30秒，且动作持续加强，牵拉时保持正常呼吸。（图2-60、图2-61）

第二章　准备活动与放松拉伸

图 2-58

图 2-59

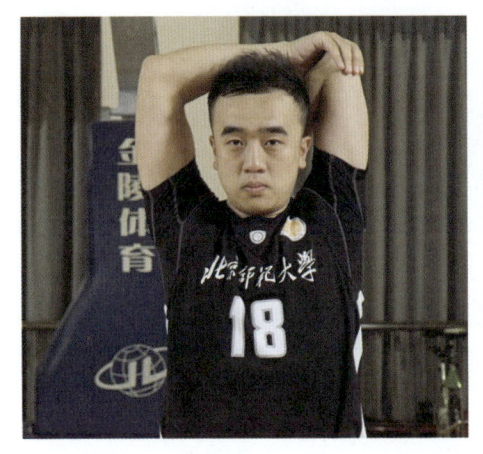

图 2-60

图 2-61

4. 双肩直臂后伸

【动作方法】双臂直臂后伸，两手撑在垫上，躯干保持中立位。或者练习者被动牵拉。动作保持30秒，且动作持续加强，牵拉时保持正常呼吸。（图 2-62、图 2-63）

135

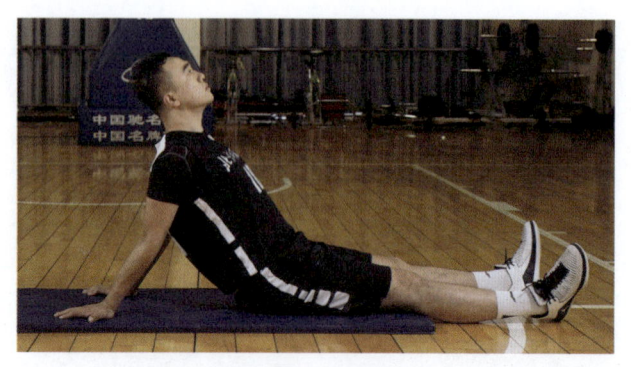

图 2-62

图 2-63

5. 夹肘牵拉肩胛骨外旋肌群

【动作方法】坐在垫上，两手叉腰，肘关节抵住膝关节，膝关节在内收时牵拉肩胛骨内侧缘。动作保持 30 秒，且动作持续加强，牵拉时保持正常呼吸。（图 2-64）

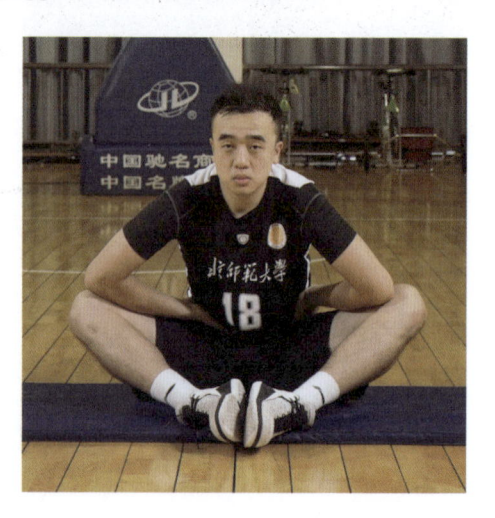

图 2-64

第二章 准备活动与放松拉伸

6. 牵拉冈下肌

【动作方法】跪坐姿态，臀部坐在双腿上；左臂肘关节撑地，右手手掌按住颈部；以脊柱为轴旋转，牵拉右侧肩部肌群和左侧胸部肌群。动作保持 30 秒，且动作持续加强，牵拉时保持正常呼吸。（图 2-65、图 2-66）

图 2-65

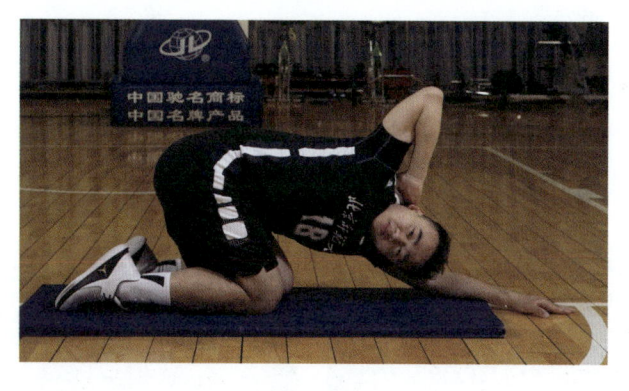

图 2-66

三、胸、背部位

1. 胸大肌拉伸

【动作方法】跪在垫上，躯干处于中立位，练习者两手合抱在脑后，辅助人员帮助其牵拉。动作保持 30 秒，且动作持续加强，牵拉时保持正常呼吸。（图 2-67、图 2-68）

137

图 2-67 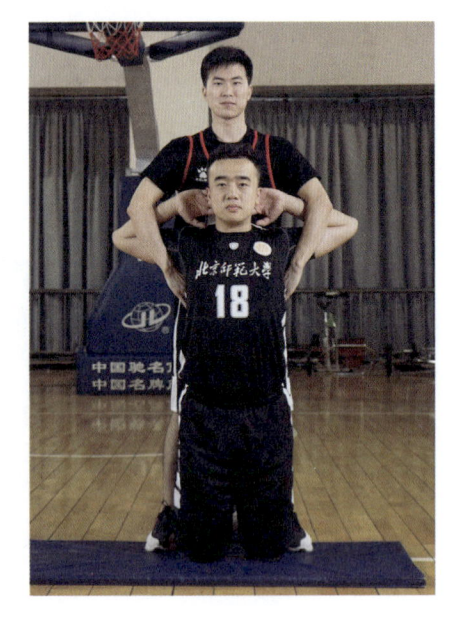　　　　　　　　　图 2-68

2. 背部拉伸

【动作方法】跪坐姿态，身体前倾，胸部靠向地板，双手尽量向前伸展；呼气，同时向侧方扭转躯体上部，将前臂和手掌贴于地面，感觉到腰部肌群被拉伸；吸气放松，恢复至初始姿势。（图2-69、图2-70）

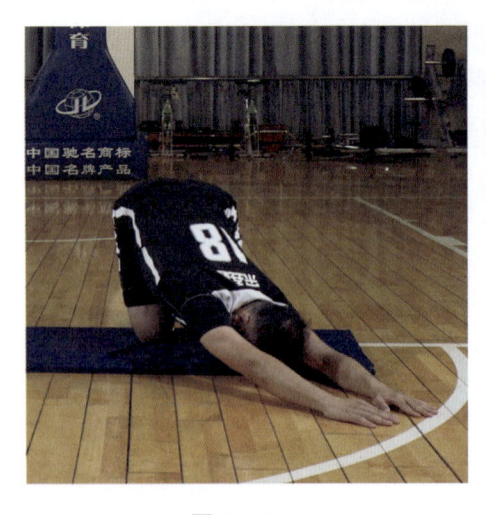

图 2-69 　　　　　　　　　图 2-70

四、腰腹部位

1. 腰背部肌群牵拉

【动作方法】卧在垫上,双手拖住膝关节,使大腿贴近躯干。动作保持30秒,且动作缓慢加强,牵拉时保持正常呼吸。(图2-71)

2. 躯干侧面肌群牵拉

【动作方法】侧卧位,左臂肘部撑于垫上。左侧大腿与躯干保持一条线,小腿与大腿呈90°;右侧大腿与躯干呈90°,小腿与大腿呈90°。右手向上主动牵拉。动作保持30秒,且动作缓慢加强,牵拉时保持正常呼吸。(图2-72)

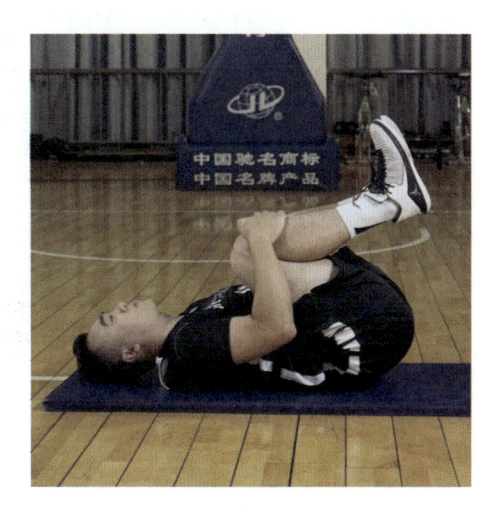

图 2-71

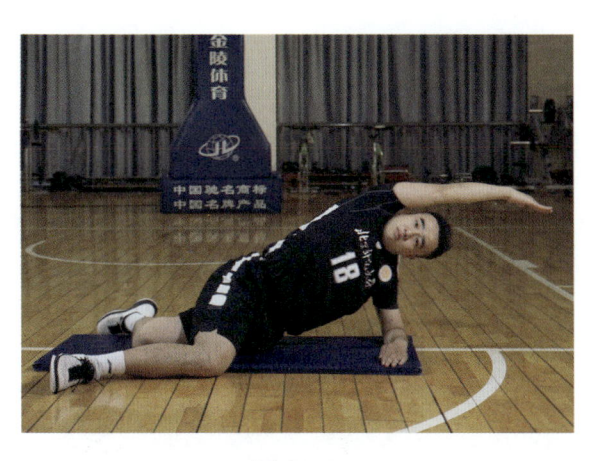

图 2-72

3. 仰卧单手抱膝

【动作方法】仰卧在垫上,双手抱着右腿膝关节使大腿紧贴住躯干,

腿放松。左腿伸直平放在垫上。动作保持 30 秒，且动作缓慢加强，牵拉时保持正常呼吸。（图 2-73）

图 2-73

五、臀髋部位

1. 躯干肌群拉伸

【动作方法】正面仰卧在垫上，左手与躯干呈 45°，头看右手方向。右侧大腿与躯干呈 90° 并放于左侧，左手握住右侧大腿膝关节并用力下压，使其接近地面。动作保持 30 秒，且动作缓慢加强，牵拉时保持正常呼吸。（图 2-74）

图 2-74

2. 盘腿与侧转体肘关节与膝关节对压

【动作方法】盘腿坐，双手握住脚腕，身体向前倾，保持15秒；随后，坐在垫上，左腿伸直，右脚放在左腿膝关节外侧，左臂肘关节抵住右腿膝关节，身体向右手倾斜，保持15秒。动作缓慢加强，牵拉时保持正常呼吸。（图2-75、图2-76）

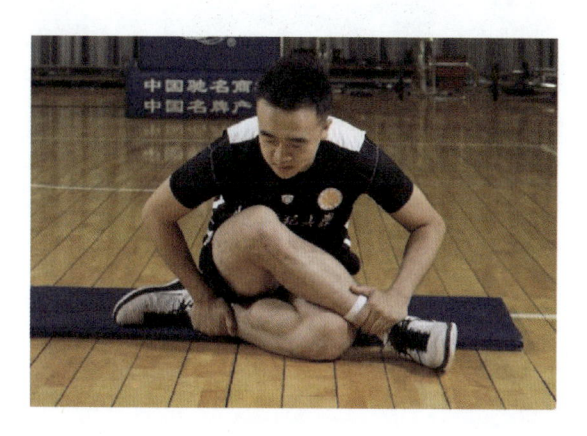

图 2-75

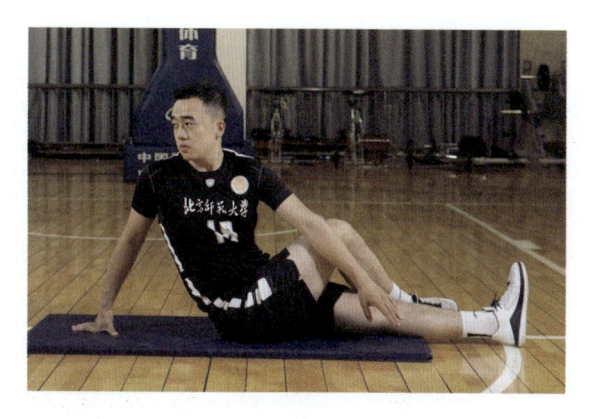

图 2-76

3. 仰卧屈髋拉大腿

【动作方法】仰卧在垫上，左腿小腿放在右腿大腿上，双手牵拉右腿大腿，使左侧梨状肌得到被动牵拉。动作保持30秒，且动作缓慢加强，牵拉时保持正常呼吸。（图2-77）

图 2-77

4. 臂部肌群牵拉

【动作方法】左腿盘腿坐，右腿伸直放在垫上，腰背挺直，身体前倾下压，同时将左腿往前及膝关节屈，将右腿放在身体后方。上体向前靠近前侧大腿，使大腿尽量贴于胸部。动作保持30秒，且动作缓慢加强，牵拉时保持正常呼吸。（图 2-78）

图 2-78（a）

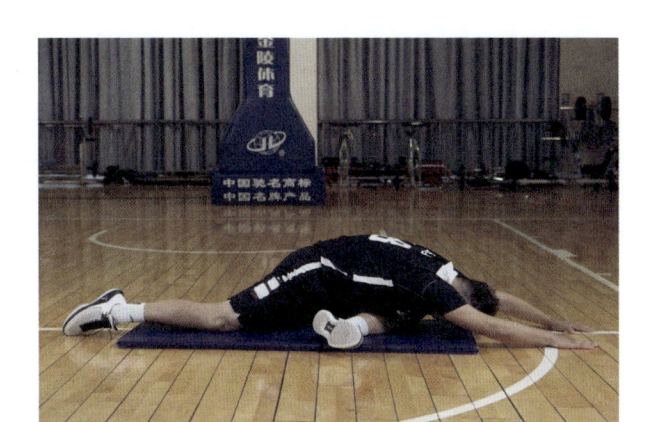

图 2-78（b）

六、大腿、小腿、跟腱

1. 仰卧直腿伸

【动作方法】仰卧在垫上，双手抱住左腿，右腿小腿弯曲放松，然后伸左腿小腿，同时勾脚尖，使整条腿伸直。或者仰卧在垫上，左腿在垫上放平，右手握住右脚脚尖，牵拉右腿，使大腿伸直且勾脚尖。动作保持30秒，且动作缓慢加强，牵拉时保持正常呼吸。（图2-79至图2-81）

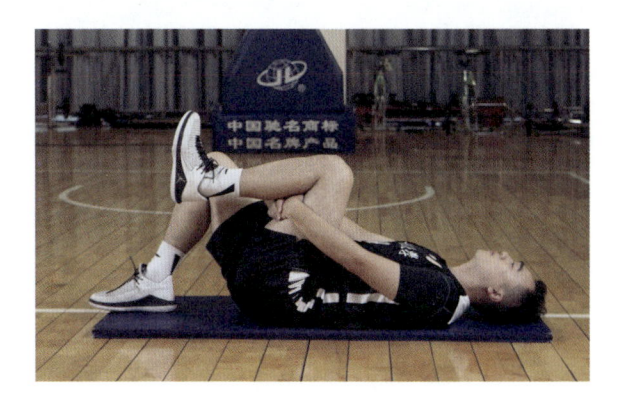

图 2-79

143

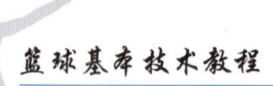

图 2-80

图 2-81

2. 横叉

【动作方法】坐在垫上，双腿做最大限度的外展。双手握住脚尖，在身体躯干保持直立的情况下向前倾。腹部、胸部、头部依次贴于一侧大腿上，保持脊柱与背部伸展。动作保持 30 秒，且动作缓慢加强，牵拉时保持正常呼吸。（图 2-82 至图 2-84）

第二章　准备活动与放松拉伸

图 2-82

图 2-83

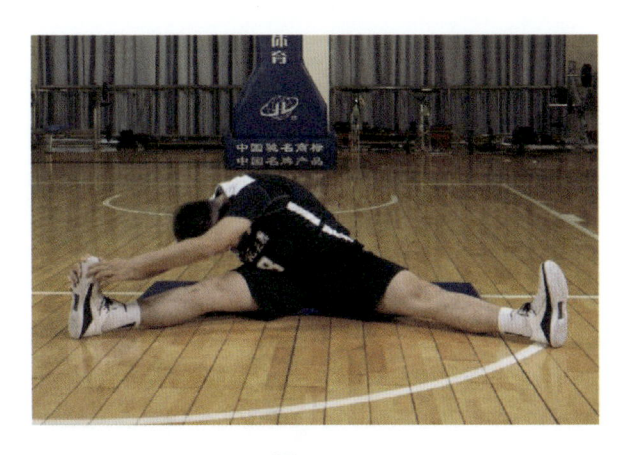

图 2-84

145

3. 侧卧牵拉大腿肌群

【动作方法】侧卧在垫上，右手握住右脚向后牵拉。整个动作需要练习者顶髋，原因是顶髋比屈膝状态下对膝关节刺激小。但是在顶髋时注意腰骶关节不要过分前突，以免增加腰椎关节的负荷。动作保持 30 秒，且动作缓慢加强，牵拉时保持正常呼吸。（图 2-85）

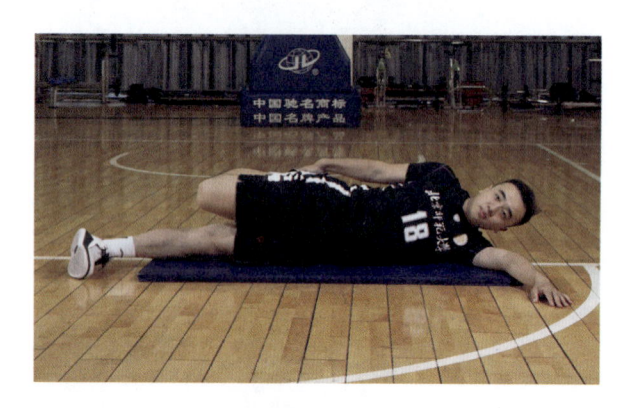

图 2-85

4. 跟腱牵拉

【动作方法】单腿支撑且大腿伸直，双手撑地，重心在支撑腿上，另一侧脚放在支撑腿跟腱处。支撑腿脚跟悬空，身体处于中立位，使膝关节不能内外收、内外翻。动作保持 30 秒，且动作缓慢加强，牵拉时保持正常呼吸。（图 2-86）

图 2-86

第三章　篮球运动损伤与防治

篮球运动是一项具有集体性、复杂性和对抗性的运动项目，在运动过程中，损伤时有发生。运动损伤的处理，除了必须遵守医学上的一般原则外，还应充分考虑运动损伤本身的特点和发病规律，以促使损伤组织尽快愈合和运动功能及早恢复。

本章主要对在篮球教学、训练与比赛中经常出现的运动性伤病的防治方法进行介绍，以期在出现此类伤病时，个体能尽快采取正确的处理措施，减轻伤病带来的影响，更快更好地进行篮球教学、训练与比赛。

第一节　运动损伤发生的原因

了解运动损伤发生的原因是预防运动损伤的前提。运动损伤是指运动参与者在参与运动时，对身体造成的伤害。运动损伤与一般工伤或日常生活中的损伤有所不同，它的发生与运动项目、教学训练安排、运动环境，运动参与者的自身条件，以及技术动作等方面有密切的关系。学生由于在生理和心理上尚未发育成熟，就更容易在运动过程中受到伤害。引起运动损伤的原因是多方面的，本节将运动损伤发生的原因分为一般原因和潜在原因。

一、一般原因

1. 思想因素

运动损伤的发生往往与教师、教练及运动参与者忽视运动损伤有关。他们认为运动损伤是医务人员的事，与己无关。从思想上松懈，忽视循序渐进和量力而行的原则，从而急于求成，盲目或冒失地进行锻炼。例如：在练习中因对难度较大或不熟悉的动作产生畏难和害怕心理，动作犹豫，过分紧张而造成损伤；或是在做熟悉的动作时，因疏忽大意发生损伤。

2. 气候不良与场地不适应

气温过高，湿度过大，都容易使人产生疲劳和中暑，或因大量出汗，造成体内水盐代谢失去平衡，易发生肌肉痉挛或虚脱；而气温过低或潮湿，容易发生冻伤或肌肉僵硬而被拉伤；场地不平易引起踝关节扭伤等。这些原因都可引起运动损伤。

3. 身体素质差

力量、速度、耐力与灵敏等素质差，致使肌肉力量和弹性差、关节的灵活性和稳定性不够、反应迟钝，这些都可能成为损伤的原因。

4. 心理状态不良

如心情不舒畅，情绪不高，对训练或比赛缺乏自觉性和积极性，思想不集中，急躁、胆怯、犹豫等，都容易导致动作失常而引起损伤。

5. 准备活动不当

缺乏准备活动或准备活动不合理，是造成运动损伤的主要原因之一。因准备活动问题致伤的情况，常见的有以下四种。

（1）不做准备活动或准备活动不充分

在神经系统和其他系统的功能尚未被充分动员起来的情况下就进行紧张剧烈的运动或比赛，此时因身体存在惰性、缺乏必要的协调性，肌肉的力量、弹性和伸展性不够，容易发生肌肉或韧带损伤。

（2）准备活动的内容与实际运动不符

准备活动的内容与实际运动的基本内容结合得不恰当，缺乏专项的准备活动，使得运动时身体负担较重部位的功能没有得到足够改善，这样易造成局部损伤。

（3）准备活动的量过大

由于准备活动的量过大，到进入正式运动时，身体功能已经下降或疲劳，运动参与者在这种情况下运动也容易引起损伤。

（4）准备活动离正式运动的时间过长

当身体进入正式运动时，准备活动的作用已经减弱或消失，等于没有做准备活动，这种现象多见于替补者临时上场等。

6. 技术动作的缺点和错误

如果技术动作违反了人体结构与功能特点，以及运动时的力学原理，就容易导致运动参与者受伤，这是刚参加系统训练或学习新动作时发生损伤的主要原因。如传接球的动作，若手形不正确易造成挫伤和手指关节扭伤。

7. 带伤训练和疲劳状态下训练

在患病或伤病初愈阶段睡眠不足、休息不好及过度疲劳的情况下，生理功能和运动能力都相对下降，这时参加剧烈活动，运动参与者可因肌肉力量弱、反应较迟钝、身体协调性差而受伤。

8. 教学、训练和比赛的运动负荷安排过高

没有根据运动参与者的生理特点安排运动量，使运动量超过其所能承受的生理负担，尤其是局部负担量过大；缺乏必要的保护措施及自我保护的能力；允许有伤病者或身体不合格者参加运动等，这些因素都可导致损伤。

9. 不做放松拉伸或放松拉伸不充分

在教学、训练和比赛后，不进行放松拉伸或放松拉伸不充分，则无法缓解肌肉的紧张状态，加重延迟性肌肉酸痛，从而影响下次训练时身体关节活动度，降低训练效果。长期放松拉伸活动的缺失，可能造成机体疲劳

或运动损伤。

二、潜在原因

潜在原因所造成的损伤，具有一定的规律和特点，它只有在一般原因的作用下，才能成为致伤的原因，为预防运动损伤采取必要的措施提供了重要的依据。

1. 运动项目本身的技术特点

不同运动项目具有不同的技术特征，人体各部位所要承受的负担也不同，因此各运动项目对人体都有其对应的易伤部分。篮球运动最容易对膝关节造成损伤。其原因是篮球基本技术中的滑步、急停、转身、变向跑、起跳等动作都要求膝关节处于半蹲位进行屈伸和扭转，从而使膝关节负担较大，易发生"不合槽"的错动、碾转和撞击，造成劳损。

2. 人体某些部位的解剖生理特点

在篮球运动的损伤部位中占首位的是膝关节，踝部和腰部分别居第二、第三位。例如：膝关节在半蹲位发力时，关节周围几乎没有肌肉的保护，只能依靠内侧和外侧韧带、十字韧带及髌骨来维持关节的稳定，因此关节的稳定性较差，容易发生"不合槽"的活动而受伤。

第二节 篮球运动中常见的损伤及其防治

一、篮球运动中常见的损伤

随着近年篮球运动的快速发展与普及，篮球运动中常见的损伤及其防治成为人们日益关注的问题与需要了解的运动常识。篮球是一项技能主导类同场对抗性项目，这也决定了篮球运动的复杂性、运动过程的多变性与全身参与的特点。本节主要介绍篮球运动中常见的各种损伤出现的原因、

症状、处理及康复训练的方法。（图 3-1）

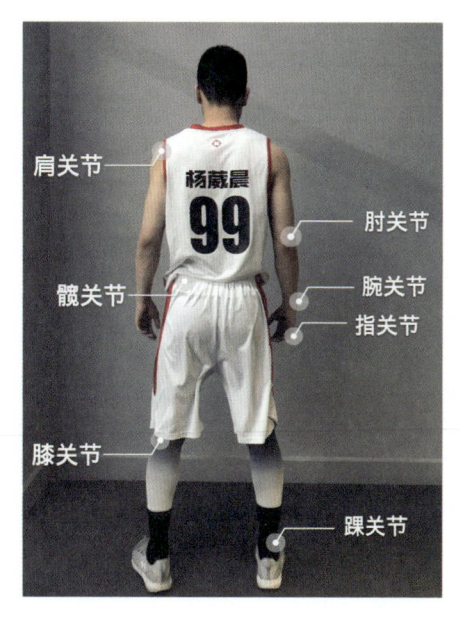

图 3-1（a）

图 3-1（b）

（一）肩部常见损伤

篮球运动中的运球、投篮、争抢篮板球等技术动作在很大程度上都需要依靠肩部来完成。加之篮球运动始终是在对抗条件下完成的，因此极易发生肩部损伤，其中以肩袖的损伤最为多见。

肩袖损伤

【原因】肩袖损伤又称"肩袖损伤性肌腱炎"，其发病机制与肩关节外展、内旋或过伸，肱骨大结节长期超常范围急剧转动、劳损、牵拉、摩擦有关。

【症状】患者常感肩痛，尤其是在上臂外展 60°～120° 位时。肩部活动受限，肌肉萎缩，肱骨大结节处有压痛。

【处理】急性发作期间，应暂停活动，肩关节制动，上臂外展 30° 位固定，以减小有关肌肉张力而减轻疼痛症状。

【康复训练】如肩关节的回旋、旋转运动和肩外展 90° 位负重静力练习等，可以改善局部血液循环，增强肩部外展肌群，尤其是三角肌的力量，防止肌肉萎缩。康复训练要以肩部不产生疼痛为原则。积极治愈肩部的微小损伤、强化肩部外展肌群的力量训练（如前臂侧平举抗阻练习等）和注重力量训练后的放松练习是预防肩袖损伤的三个关键环节。

（二）肘部常见损伤

1. 肘关节内侧软组织损伤

【原因】篮球运动中肘关节内侧软组织损伤，多因队员空中（单臂）同时争球时，一方用力较猛，造成前臂力量较弱的对方的肘关节被动外翻和过伸，或因摔倒时前臂保护性外展、外旋支撑而受伤。

【症状】最为多见的是内侧韧带撕裂伤，受伤严重时往往合并其他组织的损伤，如尺侧关节囊撕裂、肘脱位等。受伤后肘关节尺侧疼痛、肿胀，关节功能障碍，肘内侧有明显的压痛点。

【处理】现场用氯乙烷喷湿局部后压迫包扎，前臂旋前、肘屈 90° 位，用托板或三角巾固定于胸前，冰袋敷于患处。

【康复训练】受伤一周后，患者配合临床治疗，逐步开始康复训练。主要目的在于防止关节粘连和逐步增强前臂肌力。练习中，一方面必须采取保护措施，如使用护肘、粘膏支持带等；另一方面避免重复受伤机制的动作，阻抗负荷也应逐步增加。

2. 肘关节脱位

【原因】肘关节脱位多为倒地时前臂保护性外展、外旋、后支撑所致，其中以后脱位最为常见。

【症状】伤后局部疼痛，关节畸形，肘关节功能障碍。

【处理】现场急救可进行氯乙烷局部麻醉降温，绷带包扎，依肘受伤后的肢体位（角度）托板固定，用三角巾挂于胸前，冰袋继续敷于患处。

【康复训练】患者在整复后第二天即可开始握拳、转肩的康复练习，以促进前臂的血液循环，有利于消肿。固定后，坚持进行肘关节的伸屈和前臂旋转运动，防止和松懈损伤后的关节粘连。肘伸屈训练时，动作的幅度必须适可而止，逐渐加大，直至恢复到原有的角度，切忌大力扳拉，以防发生骨化性肌炎，这是康复训练的关键环节。

（三）腰部常见损伤

1. 急性腰扭伤

【原因】腰部急性损伤包括肌肉、韧带损伤及关节扭伤等，90%发生于腰骶部和骶髂关节。常见于弯腰展髋、伸膝的位置。提重物时，骶棘肌力量不足或无思想准备时常常引起骶髋部肌肉、筋膜或韧带撕裂。当活动超越了脊柱的功能范围时，动作技术有问题，则更易发生腰部损伤。

【症状】伤后脊柱生理弯曲改变，可出现侧弯，腰屈减小或消失，腰部活动障碍和肌肉痉挛。走路时患侧腿不敢持重，跛行；坐位时患侧臀部也不敢持重；立位时不能弯腰。损伤的局部一般都有较明确的压痛点。

【处理】伤后初期，宜酌情休息几天，最好是睡硬板床。腰后垫上一个小枕头，从而使肌肉韧带处于松弛状态。针灸、封闭、外贴膏药和按摩等都可选用，其中按摩对腰扭伤有较好的治疗效果。按摩治疗时，患者俯卧，不用枕头，两上肢放于体侧。按摩者先在患者腰部做轻推、揉、理筋、镇定、扣打，待肌肉放松后，可施行腰部侧板法。最后患者可自行轻轻活动腰部。

侧板法：患者侧卧，上方的下肢弯曲，下方的下肢伸直。按摩者双手分别按在患者的肩部和臀部并做相反方向的运动，当腰部转到最大范围时，稍稍施以重力，常可听到"咔嗒"一声，症状常可因此缓解。

【康复训练】康复训练主要以逐步增加腰腹力量练习为主。患者在训练初期应由徒手练习占据较多时间，循序渐进，缓慢加量。练习结束后应特别注意放松腰部肌肉，如经常性的自我腰部按摩。

153

2. 腰肌劳损

【原因】患者在患有急性腰扭伤后并未根治，并且腰部的活动量和负荷量仍旧未减，久而久之形成了腰部肌肉、筋膜、韧带等组织的慢性损伤。

【症状】患者经常出现腰部酸、胀、痛等症状，特别是在进行高强度、大运动量训练后酸痛感更为突出，这种不适感甚至还放射至腰部周边部位，影响正常训练，甚至对生活也会造成一定影响。腰肌劳损在腰部有明显的压痛点，同时在直抬腿试验中呈阳性。

【康复训练】腰肌劳损的康复方法主要有以下两种。

① 在日常训练中增加腰腹力量训练，以使新增的肌肉纤维代偿伤患局部肌力的不足，力量训练的动作可以为"拱桥架势"和负重仰卧举腿等，在实践中，这几种动作有显著效果。不过需要注意的是，在训练过程中患者要严格注意对腰腹部情况的监控，不要出现疼痛和肌肉痉挛，结束训练后要做好相应的放松活动。

② 安排训练应以改善血液循环为目的，患者通常可采用如仰卧抱膝、膝胸卧展等动作，这些动作效果良好。在训练过程中要注意，松解动作到位后应保持一段时间，通常为3～5分钟。要本着循序渐进、逐渐加量的原则进行，以防止局部出血或再度拉伤而影响疗效。另外在该损伤发作期间应暂停训练，以防止损伤加重。

（四）膝关节常见损伤

1. 膝关节韧带损伤

【原因】篮球运动的技术对人体膝关节的负荷能力有较高要求，如在篮球运球转身技术中，中枢脚及小腿固定，大腿随躯干突然内收内旋，膝关节受到了扭转力或来自膝外侧的向内侧的冲撞力，容易导致伤情发生。这些情况极易造成膝关节韧带损伤。而运球后转身动作由于外侧副韧带发生损伤的概率远比内侧副韧带要低，该动作受伤的原因与膝内翻有关系。

【症状】当出现膝关节韧带损伤后,其表现为膝内侧突发性剧烈疼痛,韧带伤处的压痛点明显,同时出现半腱肌、半膜肌的痉挛症状。

【处理】弹力绷带做"8"字形(内侧交叉)压迫包扎后用冰袋冷敷。韧带完全断裂者则病情明显加重。在完成上面几种处理方式后再利用棉花夹板固定并及时送往医院做更进一步的处理。

【康复训练】康复训练的时间为伤后3天,此阶段并不能完全停止局部治疗。在康复训练时患者要注意保持股四头肌和股二头肌的肌力,防止肌肉发生萎缩。这种类型的肌肉萎缩将导致膝关节出现"不稳感";在康复过程中,膝关节的伸屈抗阻练习也是必需的,从而防止出现粘连现象导致关节的活动度下降;进行康复训练应当优先做无阻抗静力性收缩和伸屈膝练习,其次才是抗阻动力性伸屈膝练习。

2. 膝关节半月板损伤

【原因】间接外力使屈着的膝关节突然扭转,股骨与胫骨间关节面的正常关系发生改变,半月板受到挤压与牵扯而致伤。如在篮球运动中,学生争球、切入投篮时跳起或落地往往同时伴有身体旋转,跳跃后落地不正确,动作技术不协调或不熟练,使膝关节突然扭动,都可发生内侧或外侧半月板的损伤。

【症状】多伴有典型的外伤史;受伤时,患膝内有撕裂感,并觉关节疼痛。膝关节半月板损伤可分为关节肿胀、关节响音、关节交锁等。关节肿胀为关节内积血或积液所致。关节响音,损伤当时可能听到一声清脆的声音。在慢性期,屈伸膝关节时往往有响音出现。关节交锁,主要见于慢性期。所谓交锁,即在走路或膝关节活动时忽然关节被"卡住",不能伸屈,同时有关节酸痛感。当走路或运动时感觉关节不平,有滑落感或不稳。

【处理】损伤急性期,主要是治疗创伤性滑膜炎,即制动、消肿、镇痛和股四头肌练习。消肿和镇痛可采用中药外敷、理疗等方式,必要时可到医院做关节穿刺,抽取积血或积液(关节积血宜尽早抽去),并在关节

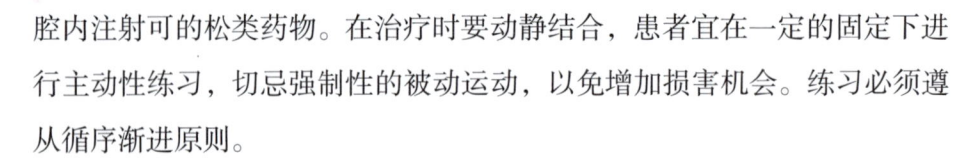

腔内注射可的松类药物。在治疗时要动静结合，患者宜在一定的固定下进行主动性练习，切忌强制性的被动运动，以免增加损害机会。练习必须遵从循序渐进原则。

3. 髌骨劳损

【原因】髌骨劳损指髌骨的关节软骨面（包括股骨髌面的关节软骨面）和髌骨周缘股四头肌张腱膜的附着部分的慢性损伤，即髌骨软骨病（又称髌骨软骨软化症）和髌骨张腱末端病。这两种疾病可单独发生，也可合并发生，两者的损伤原理无甚差异，症状也有相似之处，为了便于叙述，以髌骨劳损作为统称。其发生原因主要是膝关节（尤其是半蹲位姿势）局部长期负担过度或反复的微细损伤积累，但因一次直接外伤（髌骨部冲撞或牵扯）也可能发生。前者往往是不合理的训练安排所致，如滑步防守与进攻、急停与起跳上篮的局部训练过多，以及不注意发展局部肌肉力量等。

【症状】膝软与膝痛。损伤早期或轻型患者，只在超大量训练后感到膝酸软无力，休息后症状基本消失。一般膝痛常在活动开始以后减轻，运动结束后又加重，休息后又能减轻。膝痛或膝软同动作有密切关系，主要表现是半蹲痛。凡半蹲发力或移动动作，或在日常生活中上下楼梯时，均出现疼痛腿软使不上劲或坐下跌倒等现象。严重者在走路和静坐时也痛。不少病例关节酸痛程度，还与气候变化有关。

【处理】髌骨劳损目前无特效疗法，一旦发病应采取积极措施，即练治结合。

理疗中以超短波效果较好，中药渗透药外敷或直流电导入效果更佳，关节腔内注射可的松类药物亦有一定效果，但不宜多。针灸、按摩也是有效的治疗方法。

① 按摩疗法：按摩者在患者膝关节周围广泛做一般的按摩，即推揉和长时间揉捏股四头肌，然后用单手或双手拇指刮痛点或用手掌按压髌骨。

② 单手拇指刮法：按摩者一只手将患者四肢的髌骨固定，使髌骨的疼

痛部位尽量显露，另一只手的拇指弯曲，用拇指指缘沿着髌骨疼痛部位的长轴匀速匀力地刮动，重复20～40次，刮髌时患者有痛感。

③ 髌骨按压法：按摩者以髌骨压迫痛的检查法找到患者髌骨软骨面最痛的位置，即适当加压后固定不动（加压至患者有酸痛感），待酸痛减轻或消失后，慢慢抬手去压，如此重复3～5次。上述按摩后，让患者不负重屈伸膝关节20～30次，走动2～3分钟，每日按摩1～2次。

（五）足踝部常见损伤

1. 踝关节韧带损伤

【原因】 踝关节韧带损伤以踝关节外侧韧带损伤较为突出。在篮球运动中人的踝部会受到多种形式的冲击。通常踝关节韧带损伤是运动参与者在跳起落地时踩在别人的脚上等原因造成的踝关节内旋等。

【症状】 损伤后踝关节外侧疼痛，局部肿胀，皮下瘀血，有明确的压痛点，不能立即行走。不过鉴于踝关节及周边韧带的结构较为复杂，运动参与者在受伤后未确切诊断之前不建议盲目使用手法治疗。

【处理】 踝关节韧带损伤的处理主要有以下几种常见方式。

① 冰袋冷敷：冰袋冷敷是踝关节损伤后的最佳应急处理办法，若无条件则可用凉水降温。但是这种方法只能起到缓解的作用，并不能完全依此治疗。

② 抬高患肢：抬高患肢也是缓解踝关节损伤的有效方法，患肢被抬高可促进静脉回流，防止局部肿胀。

③ 患肢制动：将受伤踝关节稍外翻，呈90°位固定，以此达到减轻局部韧带张力和防止进一步出血的目的。

【康复训练】 踝关节韧带损伤的康复训练可以分期完成，具体可分为早期练习、中期练习和后期练习。

① 早期练习：在热水中浸泡和仰卧抬高患肢的条件下，患者进行踝伸

屈练习。以此达到消除皮下瘀血和肿胀、防止局部粘连的作用。另外还可在不产生疼痛的前提下安排一些跖肌、腓肠肌等的被动牵拉练习。

②中期练习：应加入一些如动感单车、足滚圆木练习等以锻炼和恢复足、踝部肌肉运动精细调节功能为主的训练。

③后期练习：应以增强踝周肌肉、韧带力量和足伸屈肌群的力量为主，如安排起踵练习、足趾伸（踝屈）抗阻练习等。

另外，如果在踝部康复训练后出现不同程度的肿胀，均属于正常现象。解决方法为训练后平卧并抬高患肢。

2. **踝关节扭伤**

【原因】踝关节扭伤多是场地不平，或跳起落地时踩在别人脚上，或在空中受碰撞而落地不稳等原因造成的。

【症状】伤后踝关节外侧疼痛，迅速肿胀，并逐渐延及踝关节前部，局部明显有压痛感。压痛多在外踝下方、踝尖部或出现在外踝内翻时。

【处理】在现场急救时，治疗者应立即用拇指压迫痛点止血，用氯乙烷喷射或用喷湿的棉花团压迫加快止血，然后用较大的棉花块或海绵垫加压包扎，并抬高伤肢。应注意固定方向，即内翻损伤应呈轻度外翻位固定，使受伤组织处于松弛状态。24小时以后根据伤情可选用新伤药外敷、理疗、针灸按摩、药物痛点注射及支持带固定等，患者应及早进行踝关节功能康复训练。

（六）其他部位常见损伤

1. **手指挫伤**

【原因】手指挫伤主要是接球时手的动作不正确或断球时手指过于紧张且伸直所致。当防守的位置与判断不符时，运动参与者在对方的侧后方用单臂伸直去断球，也容易造成手指挫伤。此外，球气过足，也容易使手指挫伤。

【症状】损伤部位关节周围肿胀,疼痛剧烈,功能障碍,局部有压痛感。

【处理】运动参与者手指挫伤后可将伤指用冷水冲淋,也可用另一只手轻捏伤指稍微活动和放松。一般休息过后,患者疼痛即可减轻或基本消除,能做屈伸动作。

2. 胫腓骨疲劳性骨膜炎

【原因】胫腓骨疲劳性骨膜炎是因跑跳练习过多而引起小腿骨疼痛的一种常见损伤,初参加体育训练者,特别是青少年患者较多,其发病主要原因是训练方法不当和运动量安排不合理,足尖跑跳过多,使小腿屈肌群过度疲劳。此外,跑跳的技术动作不正确,在动作中缺乏应有的放松,脚掌落地时不会缓冲,使下肢受到较大的反冲力。场地过硬,或者准备活动不充分,气温过低,使肌肉没有充分活动开或较僵硬等也易造成此伤病。

【症状】起病缓慢,症状逐渐加重。

① 疼痛:开始多在训练后小腿疼痛,较重者在运动中甚至不运动时也有痛感。

② 肿胀:急性期多伴有局部肿胀,小腿下段较明显。

③ 压痛:在胫骨内侧面,内后缘或腓骨下端较明显,压痛可在一段骨面上存在,也可上下同在,轻重不一。有的在皮下骨面上有小结节或肿块,有压痛。

【处理】调整下肢负荷量,患者在休息时抬高患肢,用热水烫洗小腿,进行按摩、针灸、理疗,局部外敷或注射药物等。小腿应用弹性绷带裹扎。除严重病例外,患者一般都不必完全停止运动,但要调整跑跳训练量,尤其是控制足尖跑、跳、蹬地等动作的量。练习量以不加重原来症状为适宜,一周左右适应后即可加量,待其再适应后再加量,以使小腿负荷能力逐渐提高。

3. 大腿后部屈肌拉伤

【原因】当肌肉在跳起上篮、跳起拦截或蹬、跨移动等动作中主动收缩或被动拉长超出其所能承担的能力时便会出现大腿肌肉拉伤。造成这种情况的原因为准备活动不充分、用力过猛、体能耗竭、不规范的技术动作、气温过低等。该肌群训练不足，肌肉弹性、伸展性差，肌力弱是发生损伤的内在因素。

【症状】

① 局部疼痛，伴有肌肉紧张、僵硬，肿胀处可伴有瘀血。

② 患者做肌肉主动收缩和被动牵伸动作时，局部有明显压痛，受伤肢体有功能障碍。

③ 发生肌肉断裂者，在肌肉断裂部可触摸到凹陷或出现异常膨大，或呈"双峰"畸形。

【处理】

① 肌肉微细损伤或伴有少量肌纤维撕裂者，伤后应立即给予冷敷，局部加压包扎，在休息时应抬高患肢。

② 24～48小时后可开始理疗和按摩，按摩时手法宜轻柔，伤部仅能做轻推，伤部周围可做揉、捏、搓等，同时配合点压穴位（宜取伤周穴位）。

③ 如肌肉大部分或完全断裂，治疗者在对患者局部加压包扎并适当固定患肢后，应立即将其送往医院诊治。

4. **面部损伤**

【原因】在篮球比赛中，争球、上篮、抢篮板球，常易被他人头、肘顶撞从而造成挫伤，甚至发生眉区裂伤等面部损伤。

【症状】

① 挫伤，局部有轻度肿胀，且逐渐加重。

② 若眼眶挫伤、眉区裂伤，伤后2～3天肿胀明显，眼裂变小，眼睛不易睁开。

【处理】

① 凡挫伤，24小时内局部冷敷，之后热敷促进消肿和皮下瘀斑的吸收。

② 凡裂伤，伤后 6 小时内清创缝合，伤后 24 小时内用破伤风抗毒素，预防破伤风梭菌感染。

③ 骨折、牙齿断裂者，需去专科医院诊治。

④ 上述损伤应先处理骨折。对创伤性滑膜炎应加压包扎，用夹板或石膏固定 2～3 周。伤后 3～5 天可以进行理疗、按摩、中药外敷等治疗。

二、篮球运动中常见损伤的防治

（一）预防是控制受伤的关键

篮球运动具有集体性、复杂性和对抗性的特点，其技术动作具有一定难度。学习者要想提高技术水平，就需要大量长期的训练，难免会发生运动损伤。在篮球教学、训练与比赛中，若是没有做好预防措施而导致较为严重的伤害，对身体及心理都是严重的打击，故运动损伤的预防对学习者的身心健康具有重大意义。

而造成运动损伤的原因是多方面的，预防是控制受伤的关键，只有采取切实有效的综合措施，努力消除各种致伤因素，才能"防患于未然"，及早地进行预防，来达到防止伤病发生的目的。

1. 树立科学运动观念，培养预防运动损伤意识

明确体育运动目的，遵循科学运动原则，依据个人实际情况，选择恰当适宜的运动环境、运动装备。

培养预防运动损伤意识，从思想上高度重视运动损伤的预防，对预防的意义应有充分的认识，把握运动损伤发生的规律，及时总结经验，最大限度地减少或避免运动损伤。

2. 充分做好热身准备活动与放松拉伸

采用有效的热身准备活动，能防止运动损伤，帮助运动参与者将自身力量的增长，速度、灵敏的提高等优势有效地利用到篮球运动中。准备活动既要做一般准备活动，也要做专项准备活动。准备活动的最后部分内容

应与即将进行的运动紧密相连。需要注意热身准备活动的内容安排与运动量应依据训练内容、比赛情况、个人机体状况、气象条件等条件而定。对运动中负担较大和易伤的部位、运动间歇时间较长、机体兴奋性较低或气温较低等方面，需要更加充分地进行准备活动。同时，有伤部位在进行准备活动时要小心谨慎。

放松拉伸能够帮助运动参与者放松自身肌肉，加速身体的自我恢复，更少地受到伤病的困扰。同时，放松拉伸能够使运动参与者长期保持良好的竞技水平，对提高运动寿命起到重要的促进作用。需要注意当关节损伤、拉伸部位有伤口或伴有感染、拉伸部位有急性损伤或有疼痛等情况发生时，就不建议进行放松拉伸了。

3. 加强动作技术规范化，预防损伤，提升篮球技能

篮球运动中有其规定的标准技术动作，这些规范动作都是对人体来说更加科学、更加安全的动作，能很好地对身体起到一定保护作用。

在进行教学、训练与比赛的过程中，由于对象不同，大家会因为理解力、认知度、身体素质的不同而对技术动作和技能的掌握程度不尽相同。尤其在场上情况瞬息万变，面对突如其来的传球或者同伴时，由于基本功差根本无法正确处理，而且很多平时做得较规范的动作在这种情况下也会发生变化。这些都会造成不能很好地提高篮球技术能力，甚至会因为不规范的技术动作受伤的后果。故想要减少运动损伤，一切篮球技术动作都应规范标准来进行练习，应在平时更加重视对技术动作的纠正，强调规范技术动作的重要性，积极开展相关理论或实践问题的探析。

4. 加强自我监督，提升自我保护能力，防止在疲劳状态下进行运动

在运动的过程中，运动参与者要做好自我监督，随时注意身体有无疲劳征象（如头晕、疲乏感等），特别要注意运动器官的局部反映（如局部肌肉有无酸痛、僵硬，关节有无疼痛等）。当有不良反应出现时，要及时调整运动负荷。同时，需要学会在运动中进行自我保护，来防止运动损伤

的出现。如当跳起落地由于重心不稳将要摔倒时，不可用手直臂撑地，以免发生腕部、肘关节等部位损伤。

在进行教学、训练与比赛的过程中，运动参与者要遵守循序渐进和区别对待的原则。在运动中运动负荷、运动强度、动作学习难度等方面，必须与个人身体状况和运动水平相适应。需要注意在安排运动负荷后，发现有疲劳状态产生时，应及时调整，预防损伤出现。

5. 加强医务监督，及时治疗伤病，针对易伤部位进行练习

经常参加运动的人要定期进行体格检查，以便根据身体功能状况，合理地进行训练。当出现轻度运动损伤时，需要关注伤势情况，积极治疗，通过理疗、按摩等治疗手段进行恢复。需要注意当伤病初愈参加运动时，应根据医生的意见进行。在进行运动过程中，应佩戴运动护具，防止后期出现新的损伤或形成劳损。

积极预防运动损伤的一种有效手段是有针对性地加强易伤和相对较薄弱部位的肌肉力量和伸展性练习。需要注意在发展肌肉力量时，要同时发展肌肉的伸展性，这样可防止肌肉拉伤，预防关节扭伤。同时，还需要加强个人的身体素质和对抗性的训练。

（二）应注意的问题

篮球运动是对抗性强，体力消耗较大的运动，鉴于篮球项目运动损伤患病率较高的现状，应重视加强对运动损伤的防治工作，尤应注意在教学、训练与比赛中对损伤的预防。加强组织管理，严格训练规章制度，加强各方面的医务监督，是保证身体健康和预防运动损伤的重要措施。

膝关节损伤、髌骨劳损等损伤是篮球运动损伤防治工作的重点，这是由篮球项目技战术特点对人体的特殊要求和膝关节部位自身存在的解剖生理弱点所共同决定的。因此，教师应重视改进传统的教学、训练方法和手段，日常训练中应特别注意对膝、腰等部位局部负担量的合理安排和及时调整。

在教学、训练、比赛结束后，要让学生注意膝关节的积极性休息。

教师应重视对学生的身体素质和专项素质（应变能力、对抗能力、自我保护能力、耐力等）方面的培养；增加平衡、协调、柔韧等方面的身体练习比重；在教学、训练过程中要求学生按正确的技术动作进行练习。如技术动作错误要及时予以纠正。

伤后根据不同情况，患者应积极遵医嘱进行医疗和体疗，合理地安排伤后体育运动及恢复性训练。实践证明，伤后恰当地进行功能锻炼或体育活动，可以促进伤肢的血液循环，改善伤部组织的代谢，加速瘀血和渗出液的吸收，促进损伤组织的修复，同时又可防止或减轻肌肉发生失用性萎缩和受伤组织的松弛，加强关节的稳定性和适应性。尤其是运动员，合理安排伤后恢复性训练，可以保持原有的良好训练状态，伤愈后即可投入正常的训练，防止因伤后停止训练而引起的各种疾病。

主要参考资料

[1] ROSE L. Wining Basketball Fundamentals [M]. Champaign:Human Kinetics, 2012.

[2] WISSEL H. Basketball: Steps to Success [M]. 3rd ed. Champaign:Human Kinetics, 2011.

[3] ROB C, PANARIELLO R. Basketball Anatomy [M]. Champaign:Human Kinetics, 2015.

[4] KRAUSE J.V, MEYER D, MEYER J. Basketball Skill & Drill [M]. 3rd ed. Champaign:Human Kinetics, 2004.

[5] National Basketball Conditioning Coaches Assocaition. Complete Conditioning For Basketball [M]. Champaign:Human Kinetics, 2007.

[6] ROSE L. The Basketball Handbook [M]. Champaign:Human Kinetics, 2004.

[7] WALKER B. The Anatomy of Sports Injuries, Second Edition: Your Illustrated Guide to Prevention, Diagnosis, and Treatment [M].Berkeley:North Atlantic Books, 2018.

[8] BERG K. Prescriptive Stretching [M].Champaign:Human Kinetics, 2011.

[9] RAMSAY C. Anatomy of Stretching [M].Thunder Bay:Thunder Bay Press, 2017.

[10] GOTLIN R S. Sports Injuries Guidebook [M]. Champaign:Human Kinetics, 2007.

[11] 孙民治.现代篮球高级教程[M].北京：人民体育出版社，2004.

[12] 孙民治.篮球运动教程[M].北京：人民体育出版社，2007.

[13] 王家宏.球类运动：篮球[M].北京：高等教育出版社，2009.

[14] 李笋南，齐光涛.体能训练原理与实践[M].北京：北京体育大学出版社，2012.

[15] 王卫星.体能训练理论与实践[M].北京：高等教育出版社，2012.

［16］运动医学编写组.运动医学［M］.北京：北京体育大学出版社，2016.

［17］运动康复技术编写组.运动康复技术［M］.北京：北京体育大学出版社，2016.

［18］王予彬，王慧芳.运动损伤康复治疗学［M］.2版.北京：科学出版社，2019.

［19］黄涛.运动损伤的治疗与康复［M］.北京：北京体育大学出版社，2010.

［20］左庆生，张海民，邱勇.现代篮球运动教学训练实用指导［M］.北京：北京师范大学出版社，2013.

［21］贾志强.篮球基础训练手册［M］.北京：北京体育大学出版社，2009.

［22］王小安，张培峰.现代篮球运动教程［M］.北京：北京体育大学出版社，2007.

［23］郭洪宝.篮球学练问答［M］.北京：北京体育大学出版社，2003.

［24］郭永波.篮球运动教程［M］.北京：北京体育大学出版社，2005.

［25］马振洪.跟专家练篮球［M］.北京：北京体育大学出版社，1998.

［26］仓石平.篮球进攻技术训练［M］.孙守正，赵子江，杨铁黎，译.北京：人民体育出版社，2003.

［27］马振洪.篮球［M］.北京：北京体育大学出版社，1998.

［28］高鹗，李峨恒.现代篮球［M］.北京：人民体育出版社，1995.

［29］体育院、系教材编审委员会《篮球》编写组.体育系通用教材：篮球［M］.北京：人民体育出版社，1978.

［30］中国中央电视台体育中心，中央电视台科教节目制作中心（北京科学教育电影制片厂）.篮球,基础技术篇：体育教学系列片/黄频捷执教［CP/DK］.北京：北京科影音像出版社，2016.

［31］中国中央电视台体育中心，中央电视台科教节目制作中心（北京科学教育电影制片厂）.篮球,配合技术篇：体育教学系列片/黄频捷执教［CP/DK］.北京：北京科影音像出版社，2016.

［32］程湘南.现代篮球基本技术［CP/DK］.北京：人民体育音像出版社，2013.

［33］中国大学生MOOC.篮球–基本技术［DB/OL］.（2019–08–30）[2019–10–11].

https://www.icourse163.org/course/BNU-1003766017.

［34］爱课程. 国家级资源共享课：篮球［DB/OL］.（2019-08-30）[2019-10-11]. http://www.icourses.cn/sCourse/course_6059.html.

［35］爱课程. 国家级资源共享课：篮球［DB/OL］.（2019-08-30）[2019-10-11]. http://www.icourses.cn/sCourse/course_5964.html.